Otto Schenk

»Wer's hört, wird selig«

Otto Schenk

»Wer's hört, wird selig«

Musikalisches und Unmusikalisches

Mit 78 Abbildungen und einem Verzeichnis
der Regiearbeiten für Oper und Operette

Amalthea Verlag

Besuchen Sie uns im Internet unter: amalthea.at

© 2018 by Amalthea Signum Verlag, Wien
Alle Rechte vorbehalten
Umschlaggestaltung: Elisabeth Pirker/OFFBEAT
Umschlagfotos: © Günther Rothschedl (Vorderseite),
© Wiener Staatsoper/Michael Pöhn (Rückseite)
Lektorat: Bernhard Struckmeyer
Herstellung und Satz: VerlagsService Dietmar Schmitz GmbH, Heimstetten
Gesetzt aus der 12/15,8 pt Adobe Garamond Pro
Designed in Austria, printed in the EU
ISBN 978-3-99050-139-9

Inhalt

Vorwort **6**

Mein Weg in und um die Musik oder: Was ist Musik? **15**

Wie ich Opernregisseur wurde **37**

Von Sängern, vom Singen und von der Sprache **73**

»Meine« Sänger **82**

Aus der weiten Opernwelt **130**

Deutschland gegen Österreich 0:0 **145**

Musikalisches Potpourri **148**

Richard Wagner **169**

Die Wiener Philharmoniker **182**

»Meine« Dirigenten **197**

Und zum Abschluss **229**

Verzeichnis der Regiearbeiten für Oper und Operette **230**

Bildnachweis **235**

Namenregister **236**

Vorwort

Wer nicht hört, kann nicht selig werden. Das Hineinhorchen in den Menschen und in alles, was um ihn schwingt, ist das, was das Leben und seinen Abglanz, das Theater und die Musik, ausmacht. Und man soll ja nicht glauben, dass nur das Ohr hört. Die Augen hören, die Nase hört, die Haut hört, die Gänsehaut besonders. Wir erkennen an Geräuschen die Umgebung. Wir erkennen an der Stimme und ihren Schwankungen die Gedanken unseres Partners. Wir erkennen an unserer eigenen Stimme unseren Zustand und verraten ihn dem gekonnt Hörenden. Etwas wurde erfunden durch irgendeinen magischen Kobold oder Erzengel oder wer auch immer im Himmel dafür zuständig war: die Musik. Musikhören muss man lernen. Man darf »Fuchs, du hast die Gans gestohlen« nicht so singen, wie man möchte. Irgendeine Vorschreibung ist gegeben und ihr muss man auch folgen, wenn man »Fuchs, du hast die Gans gestohlen« singt.

Damit fängt es an. »Du stellst die Regel und folgst ihr dann«, so ähnlich heißt es in den »Meistersingern«, wenn Sachs dem Ritter Stolzing das Meisterliedsingen beibringen will. Ab da entsteht eine Hörwelt und eine Sehnsucht, diese Hörwelt auszuweiten in Verrücktheiten, in Tanz, in Wahnsinn, in Lieblichkeit, in Sehnsucht, in Ordnung und in Chaos. Chaos und Ordnung aneinander sich reibend, konzertierend. Das ist letzten Endes das, was Musik ist, ein großes Symbol für Leben und

Lebendigkeit. Eine große Sinfonie gibt ein Schicksal wieder in Regeln, im Durchbrechen der Regeln, im Verlassen der Regeln, im Wiederfinden der Regeln, im Anklang an Volkstümliches, in Sehnsucht nach dem Volkstümlichen, auch im Begeben ins, wie das so heißt, Atonale, aber das Atonale setzt auch Tonales als Absprungbasis voraus.
Und wer sich da hineinhorcht und den großen Begleiter Musik annimmt, der gehört einer anderen Welt an. Der schließt ein Bündnis mit dem vorher erwähnten Kobold oder Engel. Ein freundliches Bündnis, manchmal ein verzweifeltes Bündnis, manchmal ein Bündnis der Unfähigkeit, wenn man selber Engel sein möchte und nicht den Segen von Oben erhalten hat. Und manchmal das Bündnis des Bescheidenen, der einfach hört, hören lernt und bereit ist, immer mehr zu hören, bereit ist, hören zu lernen. Denn ohne Fleiß kein Preis. Ohne Fleiß bringt man es nicht einmal zum Abonnenten des Philharmonischen Konzertes, sondern versitzt höchstens mit verstopften Ohren einem Würdigeren den Sitz im ausverkauften Abonnementkonzert.

Jedes gute Musikstück hat auch ein Geheimnis, ist eine Art Rätsel, stellt dem Hörer Aufgaben. Aufgabe eins: Langweile dich nicht!
Aufgabe zwei: Hör gut zu und verfalle nicht der ersten Melodie!
Aufgabe drei: Hör zu nach der kurzen Einleitung, was erzählt wird und was gestört wird und was alles überlebt in der Musik! Oder gib dich hin der schönen angenehmen Melodie, aber Vorsicht, sie hält nicht lange in einer Sinfonie. Sie erlebt Verschiedenes. Sie bekommt einen Partner, ein zweites Thema,

eine zweite Melodie, und es grunzt unten ein seltsamer Bass, der sich hineinmengt. Und jetzt ist es deine Aufgabe, lieber Konzerthörer: Genieße dieses Tohuwabohu des Auflösens und Vereinigens und freue dich an den Schwierigkeiten und nicht nur an deiner Melodiewollust! Musik meint auch etwas. Sie spricht und antwortet, sie stottert und klagt, sie wird schräg. Moderne Musik beginnt schon schräg, und aus moderner Musik hörst du um die Ecke die Schönheit. Wenn du ein Streichquartett von Béla Bartók, besonders die langsamen Sätze, verfolgst, dann geistert die Musik in andere Gegenden. Wenn du Gegenden hörst in der Musik, Gegenden, die ein seltsames, mystisches Gespensterhaus wiedergeben, bist du plötzlich in einer anderen Welt. Andere Welten kann dir keine Kunst so eröffnen wie Musik, wenn du fleißig hören gelernt hast, horchen gelernt hast. Was meint das, was du da hörst? Das muss doch was meinen. Oder meint es nichts? Oder verlässt es dich bösartig? Alles das ist möglich. Unbeschlafenen Ohrs, sagt Rainer Maria Rilke, kannst du Musik hören, und wenn du unbeschlafenen Ohrs Musik hörst, dann kann dein Gehör bersten vor lauter Geburt, meint Rilke.

♪

»Es hängt mir zum Hals heraus« ist eine Redewendung, die geradezu von mir sein könnte, weil sie mir so oft aufstößt. Sie werden gleich den wörtlichen Sinn verstehen: Damit ist gemeint, dass sogar schmackhafte Dinge bei häufiger Wiederholung mit der Zeit nicht nur den Geschmack verlieren, sondern ein gewisses Erbrechen hervorrufen. Oder, wenn man Glück hat, zumindest einen Brechreiz.

Der Theaterbetrieb, das En-suite-Spielen, das tägliche Probieren von gleichen Situationen, das Vorlesen von Texten, die man schon Hunderte Male vorgelesen hat, birgt die große Gefahr, dass einem alles beim Hals heraushängt. Das dazu passende Gesicht ist Ihnen sicher bekannt, Sie alle haben sich ja schon beim Hals-Nasen-Ohren-Arzt untersuchen lassen und wissen, welche blöde Visage man aus sich hervorzaubert, wenn einem das Stäbchen etwas zu weit in den Hals gestoßen wird und der Arzt durch das «Recken» zurückschreckt. Die modernen Ärzte haben zwar eine durchsichtige Maske vor dem Gesicht, da kann ihnen weniger passieren, aber die Ärzte meiner Urzeit waren mutig und man hatte das Gefühl, sie kriechen einem in den Mund, wenn sie einem die Mandeln betastet haben.

Was kann man dagegen tun? Ich lasse manchmal eine Geschichte, die ich zum tausendsten Mal gelesen habe, weg, in der Hoffnung, dass sich meine Begeisterung für diese Geschichte erneuere. Aber dann kommt beim Unterschreiben meiner Bücher im Anschluss an meine Lesungen am Signiertisch einer der alten Herren auf mich zu und sagt ganz böse: »Warum haben Sie die Geschichte mit den Vogerln nicht wieder gelesen? Die habe ich sehr vermisst.«

Das heißt, dass das Publikum auch Bekanntes hören will und dass dem Publikum erstaunlich spät die Sachen, die es liebt, beim Hals heraushängen. Im Gegenteil, ein Konzert ohne einen noch so bekannten Schlussteil, sei er von Beethoven oder Schubert oder von Johann Strauß, verkauft sich nicht so leicht.

Es gibt auch eine innere Disziplin, nicht dem Leierkasten zu verfallen, sondern immer wieder den Gedanken zu bedienen, warum der Text geschrieben wurde. Und das Hirn bleibt auf diese Weise frischer als die lallende Zunge. Die Meisterwerke oder die Werke mit großer Wirkung enthalten genug Aufregendes und Variables, das man immer wieder aufspüren und immer wieder lebendig machen kann, wenn es schon scheintot in einem dämmert. Schließlich hat man ja alte Freunde nicht weniger gerne als die neuen, und eine glückliche Ehe enthält einen ganzen Zaubergarten von Gefühlen, die eine wuchernde neue Liebe durchaus ersetzen können.

Diese Vermessenheit habe ich mir erlaubt oder erlaube es mir, alte Geschichten aus meinen sieben Büchern Ihnen noch einmal zu erzählen oder zu zitieren, damit niemand zu mir sagt: »Warum haben Sie das nicht noch einmal erzählt?«.

Das Schwergewicht, das ich diesmal auf die Musik gelegt habe, verdankt dieses Buch den vielen Wünschen meiner alten und jungen Leser, in den großen Irrgarten Musik noch ein paar Wege zu hauen. Und da ich ja immer Schwierigkeiten mit der Musik habe und hatte und diesen Schwierigkeiten fast ein bisschen verfallen bin bis zu einer Sucht, möge man mir verzeihen, dass das Pendel meines Herzens für die Musik ausschlägt und das Blut meines Herzens in die Musikkammer geflossen ist. Dass es dort wieder heraus kann, kann ich nicht garantieren.

Mein Musik- und Opernleben in Bildern ...

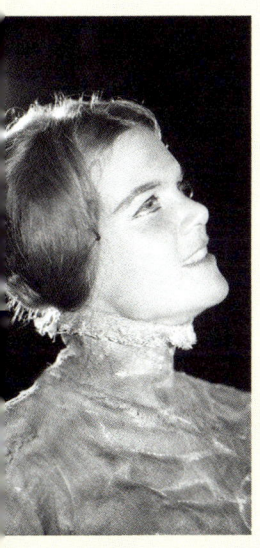

VORHERGEHENDE SEITE:
1–5 Mit Bernd Weikl als Eisenstein vor einer »Fledermaus«-Vorstellung; Anja Silja als Antonia und Waldemar Kmentt in der Titelrolle von »Hoffmanns Erzählungen«; Leonard Bernstein; Lucia Popp und Brigitte Fassbaender als Sophie und Octavian in »Der Rosenkavalier«

6 Staatstheater Stuttgart 1962: Sena Jurinac als Desdemona und Wolfgang Windgassen in der Titelrolle der deutsch gesungenen Fassung von Giuseppe Verdis »Otello«. Nach dieser Inszenierung entstand der WDR-Fernsehfilm von 1965, aus dem dieses Bild stammt.

7 Wiener Festwochen/ Theater an der Wien 1962: »Lulu« von Alban Berg mit Evelyn Lear in der Titelrolle und Paul Schöffler als Dr. Schön

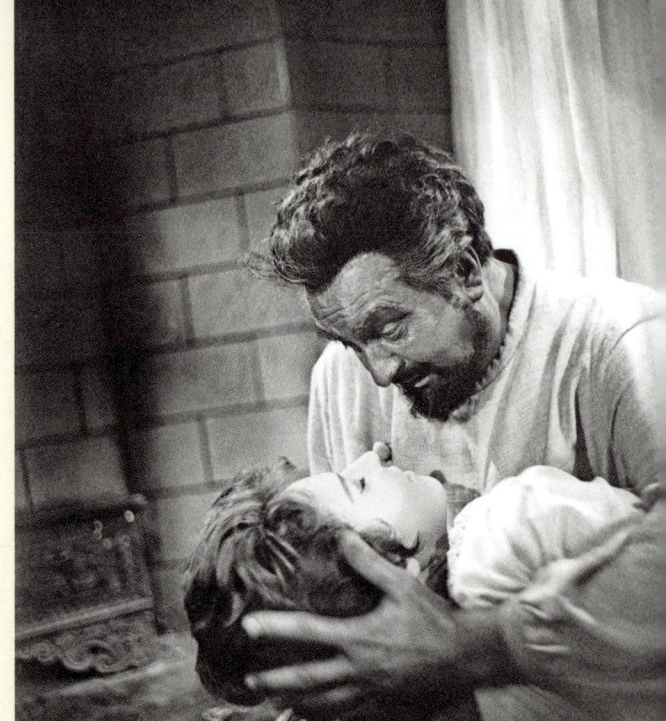

8 Wiener Staatsoper 1964: Sena Jurinac in der Titelrolle und Waldemar Kmentt als Laca in »Jenufa« von Leoš Janáček

9/10 Salzburger Festspiele 1963: Pilar Lorengar als Pamina, Walter Berry als Papageno sowie Lucia Popp als Erster Knabe mit Yvonne Helvey und Hildegard Rütgers in »Die Zauberflöte« von Wolfgang Amadeus Mozart

11 Wiener Staatsoper 1965: »The Rake's Progress« von Igor Strawinsky mit Waldemar Kmentt als Tom Rakewell und Eberhard Waechter als Nick Shadow

Mein Weg in und um die Musik
oder: Was ist Musik?

Ich habe einen seltsamen, fast illegitimen Standpunkt zur Musik. Meine Sehnsucht, eine Musik zu verstehen, ist größer als meine Musikalität. Ich habe kein absolutes Gehör, kaum ein relatives, höre nur besonders falsche Töne und bin sehr stimmungslabil der Musik gegenüber.

Der Ausspruch »Musik wird störend oft empfunden, dieweil sie mit Geräusch verbunden« von Wilhelm Busch könnte ein bissl von mir sein, wobei ich ihn noch erweitern möchte: Ich kann Musik nicht vertragen, wenn ich nicht auf sie eingestellt bin. Weder im Lift, wenn sie rauscht, noch im Lokal, wo sie das Gespräch zudeckt, noch in einer Disco. Ich würde in einer Disco erkranken.

Was mich an der Musik, wenn ich auf sie eingestellt bin, begeistern kann, sind zweierlei Dinge: Einerseits ist Musik eine höhere Mathematik. Sie besteht aus Regeln und aus einer Sehnsucht, diese Regeln zu befolgen oder zu zerstören. Aber auch die ärgste Zerstörung enthält noch eine Sehnsucht nach einer Ordnung, und das Ganze wird in einer mathematischen Schrift aufgezeichnet, die nur einen Teil der Wirkung wiedergibt, der andere Teil ist der Interpretation überlassen – ein relativ geringer Teil. Auch die schlechteste Interpretation der fünften Sinfonie Beethovens lässt das Werk erkennen, und manche Schweinsohren unterscheiden sehr schwer zwischen einer gut dirigierten fünften Sinfonie Beethovens und einer mittelmäßig dirigierten. Nur mit großem Glück und an Tagen, an denen sie gut beieinander sind, erkennen diese Schweinsohren eine ganz schlechte Interpretation. Meist festigen auch nur ein giksendes Horn und/oder eine Tschinelle, die dem Musiker heruntergefallen ist, das Urteil »Das war heut nicht gut gespielt« eines Schweinsohrhörigen.

Ich stand der Musik von Anfang an mit großem Unverständnis gegenüber. Das Gedudel von kindlichen Melodien war mir schon als Kind langweilig, ja sogar peinlich. Wenn wir im Kindergarten »Ist die schwarze Köchin da?« herunterratschen mussten oder wenn man mit uns »Fuchs, du hast die Gans gestohlen« einstudierte, fand ich das läppisch. Es müsste doch noch etwas anderes geben, das dahinter steckt, etwas Komplizierendes, etwas Schwierigmachendes, eine Regel, eine Variationsmöglichkeit. Und der Weg vom Gedudel einer, wenn auch einprägsamen Melodie zum Lied und zur Phrase, die Material für mehr sein musste, war mir noch verschlossen. »Was ist denn Musik eigentlich?« könnte man fragen. Dazu war ich damals natürlich zu blöd und zu jung.

»Aber was ist Musik wirklich?«

Eigentlich bin ich heute noch blöder, wenn auch nicht mehr jung, um diese Frage mit kurzen Sätzen oder überhaupt zu beantworten.

Einerseits ist sie, wie oben schon erwähnt, eine ungeheure mathematische Leistung. Ohne die mathematische Notenleistung des Aufschreibens, Berechnens, Klänge Erforschens, hörbare Verbote befolgend oder verfolgend, ohne die Kenntnis dieser Mathematik gibt es keine Musik. Die nicht aufschreibbare Musik des Altertums ist zugrunde gegangen. Die chinesische Musik hat keine große Karriere gemacht. Die Chinesen retten sich in unsere Konzertsäle. Ihr Gedudel und Gequietsche, so wie wir das manchmal ungerecht bezeichnen, ist ein Klangrausch, aber nicht das, was wir unter Musik verstehen.

Der andere Weg, der ins Volk abgedriftet ist, Pop, Jazz oder die Volksmusik, lebt von der klassischen Musik, muss die klassische Musik zumindest gestreift oder erlernt haben, um dann die Direttissima ins Volkstümliche zu finden. Auch die lebt von einer Regel und von einer Sehnsucht, diese Regel zu befolgen oder zu zerstören, die hinter allem, was Musik ist, drohend steht. Und wenn der Zwölftonerfinder gesagt hat: »Jeder Ton der zwölf Töne muss in der Folge nur einmal verwendet werden und die zwölf Töne sind gleichberechtigt«, so schwindelt er, denn die Töne sind nicht gleichberechtigt. Es sind aber manche Töne miteinander verwandt.

Und sogar die wildeste Zwölftonmusik dient eigentlich nur dazu, nicht wieder ein Liedl zu hören, sondern dass alles ein bisschen fremd und neu ist. Aber die Genies der Zwölftonreihe haben eigene Verbindungen gehört, und hinter denen sind doch die alten Gesetze wie Geister spürbar. Das werden die Zwölftonmeister nur unter der Folter zugeben, aber ich bin nicht sicher, ob ich nicht doch ein wenig recht habe.

Man hat ja Alban Berg den Zwölftonpuccini genannt, und von Arnold Schönberg lieben wir die Stücke, die so klingen, als wäre es schöne Musik. Das Fremde daran ist der große Reiz, der wahrscheinlich durch die Zwölftonregel entstanden ist. Töne sind aber anders verwandt. Anton Bruckner hat in einer seiner Vorlesungen, die sehr humoristisch geführt waren und in denen er sich von einer koketten, naiven Seite wichtig gemacht hat, einmal einen C-Dur-Dreiklang am Klavier ange-

schlagen und die rührenden Worte gesprochen:»Sagt's amal, gibt's was Schöneres?«
Die Sehnsucht nach diesem C-Dur-Dreiklang hat mich sehr früh gepackt. Schon als Kind am Klavier hat ein lehrerartiger Sadomasochist mir eine Sekund angeschlagen, dann dazu eine Terz und mir die Frage gestellt:»Na, was ist schöner?« Die Antwort war mir ganz klar, obwohl ich damals noch nicht mit der Musik verwandt war.

Zwei Wege gibt es, wenn man ins Konzert geht. Der eine Weg ist: Man lässt sich berauschen. Und die großen Komponisten beherrschen den Rausch. Der zweite Weg: Wie verwandelt sich der Rausch? Wie verändert sich alles, was man hört? Was erlebt ein Thema? Und es heißt ja Thema, nicht Melodie. Melodie ist »Fuchs, du hast die Gans gestohlen«. Aber das Thema ist der Baustein einer Sinfonie, ein zerstörbares, zusammenfügbares, auseinander driftendes, Sehnsucht erzeugendes, traurig werdendes, ernst werdendes, wild werdendes Etwas, das durch die Sinfonie führt. Und dieser zweite Weg, den man mühsam beschreitet, ist, sich nicht vom Rausch allein leiten zu lassen, sondern das Thema zu entdecken und ihm zu folgen.
Was führt zu diesem Rausch? Wie schaut der Rausch innen aus? Wie begegnet das Thema, das den Rausch und die Schönheit erzeugt, einem anderen, fremden, auch interessanten, feindlichen Thema? Wie streiten die zwei? Concertare heißt ja eigentlich kämpfen miteinander, streiten miteinander. Das Konzert ist ein mühsamer zweiter Weg, den man sich durch viele Abonnementkonzerte erkämpfen muss, wenn man die Musik der großen Meister hören will. Und jetzt ist die Vielfalt das Interessante. Wer ist ein Rauschmeister? Wer ist ein Kon-

strukteurmeister? Aber beide kommen ohne einander nicht aus. Die wildest konstruierte Bachfuge, die etwas Mathematisches, Fleißaufgabisches, Konstruiertes hat, muss auch etwas vom fanatischen Rausch haben, sonst ist sie nur ein Lehrstück und unverwendbar für die Ewigkeit.

Das nicht Aufschreibbare von Musik ist ein Todesurteil und wahrscheinlich war sie dann auch nicht so viel wert. Ich glaube nicht, dass die Musik des Altertums eine großartige Musik war.

♪

Ich habe ein großes Manko, das ich gleich zu Beginn meines Buches bekennen möchte. Ich habe mich auf dem Nebenweg der Musik nie zu Hause gefühlt und großartige Sachen, begabte Sachen vor allem und lebendige Sachen geschwänzt. Verdi und Wagner und Teile von Mozart waren für mich Pop-Ersatz. Und ich habe dadurch den großen Schwall der modischen Popmusik geschwänzt. In meinem Buch wird man nur sporadische Ausflüge in diese Gegend finden, für deren Reiz ich auch nicht unempfänglich war, aber daneben hat immer die Disco gedroht und mich abgehalten. Ich fühle mich in einer Disco beklemmt.

Ich habe als Bub die größten Schwierigkeiten mit der Musik gehabt und fand mich zutiefst unbegabt. Meine Finger sträubten sich mit angeborener Ungeschicklichkeit gegen jedes Instrument. Meine Stimme versagte beim einfachen »Hänschen klein«. Mein Gehör wurde nie gefordert und ich stand einem unzugänglichen Irrgarten gegenüber.

Im Konzert war mir wahnsinnig fad, und als ich zum ersten Mal ein Streichquartett hörte und selig war, als es zu Ende ging, musste ich zu meinem Entsetzen erfahren, dass ich nur den ersten Satz gehört hatte. Ein zweiter folgte in unerträglicher Langsamkeit.

Als ich diesen schlaflos durchgestanden hatte, begannen die Musiker mit einem dritten voll trillerndem, neckischem Getue, das mir maßlos auf die Nerven ging. Zugegeben: Ich war damals fünf bis zwölf Jahre alt.

Daraufhin wurde ich in »Hänsel und Gretel« geführt. Die Geschichte war mir bekannt und im Grunde auch schon fad. Aber was mir auf der Bühne von zwei stämmigen Sängerinnen, die vorgaben, Hänsel und Gretel zu sein, unverständlich aufeinander lossangen und peinlich geziert herumstatzten, geboten wurde, übertraf meine schlimmsten Erwartungen. Erst in den Waldszenen erzeugte ein Mann, der sich als Hexe gebärdete, ein paar Momente der Spannung in mir. Das ganze Geschehen wurde von einem Musikbrei bis zur Unverständlichkeit zugedeckt.

Bitte, verstehen Sie mich nicht falsch, heute gefällt mir »Hänsel und Gretel« recht gut. Ich will damit nur aufzeigen, dass dieser Weg nie zur heute grenzenlosen Begeisterung für die Musik geführt hätte. Das geschah merkwürdigerweise ganz anders. Drei Werke haben mich erst zu atemlosem Zuhören gezwungen.

Einen der ersten Zugänge zur Musik fand ich durch die »Achte« von Bruckner. Im Musikverein neben meinem alten Onkel stand ich diese viersätzige, über eine Stunde dauernde Sinfonie durch. Ich weiß nicht, ob das Durchstehen im wahren Sinne des Wortes meine Begeisterung gefördert hat oder ob es der Klangrausch war, der sich immer wieder auf den fast ohnmächtig werdenden Buben ergoss. Oder waren es die langen Passagen des Werkes, die von ungeheuren Steigerungen und Fanfaren gekrönt werden, bei denen ich fast aufgeschrien hätte und meine vom langen Stehen weich gewordenen Knie vor Begeisterung zu schlottern begannen? Es war wie das Höhengefühl eines Bergsteigers, der es nach unheimlichen Anstrengungen bis zum Gipfelkreuz geschafft hat. Ich weiß noch genau die Stelle, bei der ich Tränen in den Augen hatte, obwohl ich damals ein recht harter Bursche war und durch meine Indianergeschichten und das Vorbild Winnetou gewöhnt war, Gefühle zu meistern.

Die zweite Türe, die sich mir in den musikalischen Kosmos öffnete, war Bachs »Matthäuspassion«: Die seltsame Geschichte, die da erzählt wird und in tausendfachen Formen immer wieder überraschend aufbricht, das plötzliche Schimpfen, unterbrochen von klagendem Gejammer, dazu ein erzählender Sänger – das alles faszinierte mich ungeheuer. Ich hatte das Glück, dass Julius Patzak nicht wie ein Sänger gesungen hat, sondern als Evangelist der geborene Erzähler war.

Julius Patzak in jungen Jahren

Mit den einfachen, volkstümlichen Chorälen zwischendurch weckte diese unbeschreibliche, komplizierte Vielfalt, die ich noch nicht durchhörte, spontan Neugierde für ein von mir neu zu entdeckendes Land. Ich habe mich daraufhin Jahr für Jahr von »Matthäuspassion« zu »Matthäuspassion« gefreut.

Der dritte Zugang zur Welt der Musik war mein erster Besuch der »Meistersinger von Nürnberg«. Ich war nicht unvorbereitet, mein Vater hatte mir die Geschichte schon erzählt. Mein Freund Bachofen besaß einen direkten Draht zum Sektionschef der Bundestheater, so hatte ich einen guten Platz in der dritten Reihe. Zum ersten Mal erschien mir Gesang als eine selbstverständliche Art der Kommunikation. Während dieser »Meistersinger«, dirigiert von Karl Böhm, erfasste ich instinktiv, was jeder auf der Bühne denkt und fühlt. Ich wusste vom ersten Augenblick an, dass Evchen sich verliebt, dass der dicke Sänger, der Stolzing, sie gern haben möchte. Ich erriet, dass Sachs der Einzige war, dem das Lied »Fanget an« gefällt. Ich wusste, was in Beckmesser vorgeht, ich verstand, warum ganz Nürnberg zu raufen beginnt. Ich empfand die Sorgen des Sachs im Wahnmonolog, sah Nürnberg vor mir, als er das Fenster öffnete. Ich spürte, wie er verzichtet, wie ein Meisterlied entsteht, ich sah den Aufmarsch auf der Festwiese mit Vergnügen, die Bäcker, die Schuster, das ganze Getümmel. Ich freute mich an der Blamage des Beckmesser und wusste, wenn der dicke Sänger sein Preislied singt, das ich vom vorherigen Akt her kannte, geht nichts mehr schief. Fast hätte ich mit dem Chor mitgesummt. Ich erschrak, als Walther von Stolzing kein Meister sein wollte, und freute mich, dass mein geliebter Sachs ihn zurechtwies. Wagner war es gelungen, einem unruhigen 12-jährigen Buben eine lange Geschichte kurzweilig zu erzählen.

Ich habe lange Jahre gebraucht, diesem großen Musikdramatiker auf die Schliche zu kommen. Seine Motivtechnik, seine Suggestionskraft, seine geniale »Filmmusik«, seine Erzählfreude und sein Genie, alles Denken und Fühlen neben dem Wort in

Musik zu setzen, haben mich zum unbekehrbaren Wagnerianer gemacht. Die guten Sitze in der dritten Reihe haben allerdings damals auch ein Schärflein dazu beigetragen.

Noch bevor ich das erste Mal in die Oper ging, wusste ich, was mich dort erwarten würde: Alles, was sonst geredet wird, wird da gesungen. Ich wollte von meinem Vater wissen: »Warum singen die?«

Er dachte lange nach und antwortete dann: »Die singen halt!«

Eine bessere Erklärung habe ich bis heute nicht gefunden.

Nebenbei geschah ein weiteres kleines Wunder. Das hatte mit Gesang zu tun.

Set Svanholm als Walther von Stolzing

Sehr früh war mir klar geworden, dass der singende Mensch ein Gefühl suggestiver vermitteln kann, wenn ihm ein genialer Komponist zur Verfügung steht.

Mein Vater erzählte mir statt Märchen Wagner-Opern und krächzte mir liebevoll die Höhepunkte vor. Bei seiner Erzählung von »Tannhäuser« war ich als Bub zu Tränen gerührt. Die »Romerzählung« im dritten Akt kannte ich auswendig, bevor ich zum ersten Mal die ganze Oper durchstand. Ich hätte Set Svanholm, der mein erster Tannhäuser war, durchaus soufflieren können.

Als ich zum ersten Mal in »Troubadour« ging, mit einem zerfledderten Textbuch ausgestattet, hatte mir mein Vater darin die Höhepunkte angestrichen. Es blieb fast keine Stelle übrig, die nicht mit drei, vier Rufzeichen versehen war.

»Du musst wissen«, sagte er mir, »die schauen alle net so aus, wie sie sollten. Du musst lernen, dir dazu die richtigen Leut vorzustellen.«

Als dann zum ersten Mal das zweite Wunder geschah, dass nämlich prachtvolle, wunderschöne Frauen und gut aussehende Männer auf der Opernbühne erschienen, großartige Singschauspieler als Rigoletto, als Hans Sachs, als Otello, Jago und Desdemona auftauchten und die Fantasiearbeit, sich »die richtigen Leut« vorzustellen, fast überflüssig wurde, verfiel ich der Oper so sehr, dass es erst wieder eines Schauspielergenies wie Werner Krauß bedurfte, mich für das Sprechtheater zu begeistern.

Inzwischen habe ich ein Gehör entwickelt für alles, was mir in der Oper erklingt. Ich verstehe, warum eine Flöte mir etwas erzählt. Ich weiß, welche Blicke zu wechseln sind, wenn die Leitmotive und Nebenmotive bei Wagner erklingen, ich weiß, warum es traurig wird im »Rosenkavalier«, und ich weiß den Moment herauszuhören, in dem Rodolfo in der »Bohème« zum ersten Mal die Hand seiner Mimi berührt.

Ich weiß, warum das Schwertmotiv in Moll in der »Walküre« erklingt, wenn Sieglinde kapiert, dass Siegmund das im Baum steckende Schwert nicht bemerkt hat. Ich höre den differenzierten Übermut in Norinas erster Arie in »Don Pasquale«, und ich kann bei Zerbinettas Koloraturen in der »Ariadne« jede einzelne erklären und verstehen. Ich habe einen musikdramaturgischen Zugang zur Oper und eine Verständnisbereitschaft für alles, was mir vom Orchester erzählt wird. Ich wollte, ich

hätte dasselbe Gehör und Verständnis bei den sinfonischen Konzerten.
Ausstattungen können manchmal hypertrophisch werden und den Abend überwuchern. Ein gescheiter Kritiker, auch das gibt es, hat nach einer Musicalpremiere, »Camelot«, einem Rittermusical von Frederick Loewe, das unbeschreiblich reichlich ausgestattet war und sich langsam dahinschleppte, den Abend lang mit immer wieder neuen Verwandlungen, Prospekten, den gescheiten Satz gesagt:
»Es ist wie ›Parsifal‹ ohne die Witze.«
Ein anderer Kollege behauptete:
»Man verlässt die Show und pfeift die Dekorationen vor sich hin.«

♪

Ich bin das Gegenteil von einem Wunderkind. Irgendeine theatralische, chaotische Begabung hat aber in mir schon als Kind gewuchert. Ich war immer der, der in Gesellschaft aufgefallen ist. Ich wurde eingeladen, weil ich witzig war, weil ich gute Laune verbreitet habe. Ich wusste aber nicht, woher das kommt. Es war eine Narrenseele in mir.
Aber zur Musik hatte ich damals noch keinerlei Beziehung. Das war für mich ein fremdes Gebiet. Die Begeisterung für Musik musste ich mir erst mühsam angewöhnen. Mein Vater war ein Opernnarr, der aber nicht mehr in die Oper gegangen ist. Er war ja schon älter, und als die Hitler-Zeit kam, durfte man nicht in die Oper. Und danach hat er den Weg zurück nicht mehr gefunden. Er hat aber immer gehofft, dass ich am

Theater etwas werde. Das war ihm sehr wichtig und an meinem Weg hat er unerhörten Anteil genommen.

Er war ein wunderbares Publikum für mich und ein Gesprächspartner. Ich musste ihm meine Professoren aus dem Reinhardt-Seminar vorspielen, die neuen Geschichten von Alfred Neugebauer, dem Josefstädter Grandseigneur, der im Seminar sehr detailliert und komödiantisch unterrichtet hat. Wir waren damals begeistert von ihm, und mein Vater hat sich sämtliche Anekdoten von mir anhören müssen. Anekdoten, die ich heute noch erzähle. Ich habe den Neugebauer dann oft beschworen, er soll ein Buch schreiben, aber das hat er sich nicht getraut. Ich weiß nicht, warum. Er hat gesagt, das ist nur erzählt lustig, nicht gedruckt. Das stimmt nicht ganz. Es ist schon erzählt lustiger als gedruckt, das musste ich zugeben. Aber es wäre auch gedruckt sehr lustig gewesen. Sie wurden ja dann auch gedruckt, meine Theateranekdoten, die eigentlich fast alle von Neugebauer sind. Danke, Alfred.

Meine Mutter war der lyrische Teil unserer Familie, ich bin ihr sehr am Herzen gelegen. Den Vater habe ich erst spät über das Hirn und den Humor kennengelernt. Mit meiner Mutter war ich verwachsen. Meine Großmutter war überhaupt der Kumpel, sie war die Gleichaltrige, obwohl sie die Alte war.

Man ist zum Talent verdammt. Das ist wörtlich zu unterschreiben. Ein Talent ist ein Auftrag, eine Sucht auch. Es verführt zeitweise zur Faulheit, weil man glaubt, man kann es. Und vieles kann man trotz Talentiertheit erst nach einer Übung. Die Wiederholbarkeit dessen, was zu gelingen hat, ist die Schwierigkeit. Auf Anhieb, wie man so sagt, kann zwar viel gelingen, aber um es dann noch einmal genauso gut zu können, dazu braucht man oft sehr lange.

Talentierte lernen zum Beispiel ungern auswendig, weil das Auswendiglernen mit dem Talent noch gar nichts zu tun hat. Man muss ja den ganzen Brei, den man zum Kochen eines Gerichtes anrührt, erst erzeugen mit Rühren, mit Salzen, mit Pfeffern, mit Zuckern oder mit Würzen und Stehenlassen, Reifenlassen, und das hat noch gar nichts mit Talent zu tun. Das ist der Stoff, aus dem hoffentlich einmal die Träume werden.

♩

Mich schmerzt immer schon der Balken, der Grenzbalken, der einen nicht in das aktive Musikwirken einlässt: Es schmerzt, wenn man keine Stimme zum Singen hat, dass man keine Notenkenntnis hat, um dirigieren zu können, auch keine Hand dazu, nicht das selbstverständliche Rhythmusgefühl, es schmerzt, dass man immer etwas Fremdem gegenüber steht, wenn es um Musik geht.

Für Musik braucht man ein geradezu magisches, ein mathematisches Können. Auch die Stimmbänder muss man mathematisch bändigen, damit der Ton der Echtheit und Schönheit des Gesanges entsteht. Diesen Ton kennt man, nach dem sehnt man sich, und man muss ihn anderen überlassen und steht als hilfloser Ratgeber dem Unternehmen gegenüber. Mein Arbeiten mit Musik ist daher immer auch ein Arbeiten mit einer Sehnsucht. Am Theater kann ich, wenn ich spiele, mich mit meinen Schwächen durchsetzen, mich zu meinen Schwächen bekennen und meine Schwächen benützen für die Darstellung, sie mit den menschlichen Schwächen des Darzustellenden vereinen. Das geht nicht in der Oper, wenn man nicht singen kann.

Auf die Frage »Wärst du gerne …?« kann ich eine ganze Liste anführen, was ich gerne wäre: Sänger, Dirigent, Geiger, Trompetenbläser, Tubabläser. Mich haben diese großen, grunzenden Instrumente – die mir sogar zeitweise ähnlich geschaut haben – fasziniert, nicht zuletzt wegen ihrer vielen freien Tage. Mich fasziniert, wenn sie mit hörbarer Wichtigkeit dasitzen und schon der kleinste Fehler einer grunzenden Tuba auch dem unmusikalischsten Zuhörer auffällt. Auch die anderen exponierten Musiker faszinieren mich, das Horn oder die Posaune, von den Trommeln gar nicht zu reden, oder von den Pauken, die sogar nach Tönen trommeln können und mit leisem Tupfen während der Vorstellung gestimmt werden. Das alles von außen neidvoll zu genießen, das ist sadomasochistisch schmerzhaft für einen, der den Löwen auch spielen will und der bereit ist, so fein zu brüllen, dass die Damen nicht erschrecken, wenn der Löwe brüllt, wie es im »Sommernachtstraum« der Zettel tut.

So ein Urzettel steckte im musikalischen Bereich in mir und mein Rüpelspiel, wenn der Zettel dann tatsächlich Theater spielt, war mein Wienerlieder-Abend. Da konnte ich mit meiner Stimmruine das Wienerlied bedienen und meine Ansicht hat sich gefestigt, dass das Wienerlied eigentlich nicht für Sänger geschrieben ist, sondern für die, die gerne singen wollen. Da führt die Unfähigkeit des Schönsingens zu einer wienerischen Sehnsucht und wird echt, wenn man das Wienerlied über die Sprache und über das Wienerische transportiert und die Musik als Sehnsucht benützt, sie im gegeben Moment sogar verlässt und in einen Sprechgesang mündet. Das ist nicht immer erlaubt, und diese Freiheit muss mit großer Vorsicht bedient werden, die man sich da zu nehmen erlaubt.

♪

Wenn ich jemanden zur Musik bringen sollte, würde ich verhindern, dass er Klavier spielt, damit er ja nicht glaubt, er wird Pianist. Gefährdet sind besonders die dreiviertelbegabten Klavierspieler, die ihre Stücke perfekt erlernen und geradezu meisterhaft im kleinen Kreis zum Besten geben, es vielleicht sogar zu einem halb ausverschenkten kleinen Saalfüller bringen, aber dann schicksalhaft auf der Stelle bleiben. Ein Klavier ist nun mal ein Soloinstrument, und in keinem Orchester ist dieser musikalische, mittelbegabte Klavierspieler unterzubringen. Hätte er mit derselben Intensität Geige gelernt, würden sich die Orchester um ihn reißen. Mein Freund Rudolf Buchbinder, der Klavierunterricht gegeben hat, sagt, dass alle seine hochbegabten Schüler den Sprung zum saalfüllenden Solisten nicht geschafft haben. Und er weiß nicht, warum. Ein schicksalhaftes Instrument.

Mit meinem Freund Rudolf Buchbinder

29

Ich habe erst mit vierzehn Jahren Klavier zu spielen begonnen, im letzten Kriegsjahr und dann noch mit fünfzehn, aber das war zu spät. Das hat sich nicht mit meiner Sehnsucht vertragen, es wirklich zu können. Ich war dann schon zu ungeschickt in den Händen. Nur wer die Sehnsucht kennt, kann ermessen, wie ich dabei gelitten habe.

Ich habe nie lernen können. Lehrer habe ich nicht ausgehalten. Ich war so ein mittlerer Schüler, aber ein großartiger Deutschschüler, sogar ein Herzeigeobjekt. Regelmäßiges hat mir immer wehgetan, körperlich und seelisch wehgetan. Wenn ich täglich eine Pille nehmen muss, wird das nach einiger Zeit zu einem teuflischen Ärgernis – in meinem Alter gibt es ja schon lebenslängliche Pillen, die sind überhaupt das Ärgste. Da wünscht man sich, dass das Leben bald aufhört.

Deswegen ist auch mein später Klavierspielversuch misslungen, weil ich regelmäßig hätte üben müssen und regelmäßig in die Stunde gehen. Der Weg dorthin, da hatte ich das Gefühl, der wäre zugewachsen. Ich konnte an keinem Würschtlstand am Naschmarkt vorbei, den ich entlanggehen musste – der Naschmarkt hat mich abdriftig angezogen. Die Stunde habe ich aber nicht geschwänzt, ich habe mich höchstens verspätet.

Ich hatte eine entzückende Lehrerin und habe sie dann auch immer zum Diskutieren über Musik verführt, um nicht Klavierspielen zu müssen. Meine Finger haben etwas Drohendes gehabt, wenn ich sie auf das Klavier gelegt habe wie unbezähmbare Spinnen, die nicht dorthin wollen, wo sie hin müssen. Akkorde haben derartig lang gebraucht, um sich aufzulösen, dass ich sie lieber gelassen habe, wo sie waren. »Im Tempo« stand bei manchen Stücken. Dieses Tempo war nie aufzufinden. In welchem Tempo? In meinem Tempo war alles verzogen und hat sich aufgelöst. Ein Hass auf das Instrument hat sich ergeben, ein Hass auf meine gebrechlichen Finger. Ich habe plötzlich Greisenhände gehabt wie ein Greifvogel, der die Maus nicht erwischt.

Ich würde niemanden zur Musik »erziehen«. Ich bin dafür, dass in den Schulen Musik lebendig und lustig unterrichtet wird. Warum man sich der CDs nicht bedient? Man sollte unendlich viel Musik hören im Unterricht. Warum nicht vergleichen, wie es der Furtwängler gemacht hat und wie der Karajan. Alles das wird nicht gemacht. Bei meinem Sohn war keine Sekunde eine Platte oder CD in Verwendung, in einem Zeitalter, wo das alles nichts kostet. Das ist

Herbert von Karajan

unverständlich. Man kann einem Schüler Toscanini vorspielen, jede Bernstein-Aufnahme vorspielen, alle Beethoven-Sinfonien unter Karajan vorspielen. Ich kann mich erinnern, als wir einmal im Musikunterricht die »Erste« Beethoven von einer Schellackplatte gehört haben, war das für mich ein großes Erlebnis in einem sonst faden Musikunterricht, und das hat mit einer Tonleiter angefangen – die Erste fängt ja mit einer C-Dur-Tonleiter an. Beethoven fängt ja immer mit einer

Gemeinheit an. Daraus eine Sinfonie zu machen, ist ja fast eine Frechheit.

An diese Musikstunde kann ich mich noch erinnern, wenn ich mich auch sonst an keine erinnern kann.

Davon sollte man Gebrauch machen: vom Hören authentischer Musik, wo man heute alles als Beispiel haben kann. Das macht doch gierig auf Musik. Ich würde darauf schauen, dass meine Kinder gierig werden, ins Konzert zu gehen.

12 Wiener Staatsoper 1965: Anneliese Rothenberger als Ann Trulove und Waldemar Kmentt als Tom Rakewell in »The Rake's Progress« von Igor Strawinsky

13 Volksoper Wien 1961: »Don Pasquale« von Gaetano Donizetti mit Jerome Pruett als Ernesto und Karl Dönch in der Titelrolle

14 Volksoper Wien 1966: Renate Holm als Gasparina in »Il Campiello« von Ermanno Wolf-Ferrari

15 Wiener Staatsoper 1966: Christa Ludwig als Carmen mit Giuseppe di Stefano als Don José in »Carmen« von Georges Bizet (Hauptprobenfoto)

RECHTE SEITE:
16–18 Wiener Staatsoper 1₍ »Hoffmanns Erzählungen« ₍ Jacques Offenbach mit Wald Kmentt in der Titelrolle, Pa₍ Schöffler als Crespel (r. u.), E Kunz als Spalanzani und A₍ Silja als Olympia, Giulietta Antonia

19 Bayerische Staatsoper München 1967: »Macbeth« von Giuseppe Verdi mit Anja Silja als Lady und Thomas Tipton in der Titelrolle

Wie ich Opernregisseur wurde

Ich war inzwischen schon als begabter Inszenierer geführt, hauptsächlich von Schwänken und Lustspielen, und hatte auch meinen Durchbruch am Theater mit einem Riesenerfolg von Eugene O'Neills »O Wildnis!« in der Josefstadt hinter mir. Halbjährig war ich an den Münchener Kammerspielen engagiert, das Theater in der Josefstadt hatte ich in leichter Treulosigkeit für dieses halbe Jahr und etwas mehr Geld verlassen, war in München aber ziemlich vernachlässigt und unglücklich, weil ich nur in ganz kleinen Rollen beschäftigt war. Und von der eigentlich versprochenen Regie war in der Direktion nicht mehr die Rede.

In diesem Zustand der startlochartigen Erwartung kam Direktor Fritz Klingenbeck auf mich zu, aus dem naheliegenden Salzburg mich in München besuchend. Er war Direktor des Salzburger Landestheaters, das damals keinen großen Stellenwert hatte und noch vor seinem Karrieresprung stand. Hochmütig war ich, der ich ja die ungerecht so bezeichnete »Provinz« geschwänzt hatte, gleich in Großstädten etwas werden wollte und Wien mir als die größte Großstadt am Herzen lag. In diesem Zustand kam Klingenbeck auf mich zu und bot mir eine Regie an: »Ich muss dazu sagen, dass wir nicht viel zahlen können, und ich weiß, dass Sie über Salzburg bereits hinaus sind, aber ich biete Ihnen ein Stück an, das Ihnen noch niemand anbieten würde: ›Die Zauberflöte‹ von Mozart.«

Ich bin zu Tode erschrocken. »Die Zauberflöte« gilt als das uninszenierbarste, schwierigste Werk, und niemand weiß, wie man sie eigentlich inszenieren soll. Ich selbst wusste das schon überhaupt nicht, aber ich war vom Vertrauen eines Verführers zu einem selbstmörderischen Unternehmen geschmeichelt.

»Wir haben, wie gesagt, wenig Geld«, meinte Klingenbeck, »aber ich habe einen wunderbaren Maler, der uns den Bühnenbildner ersetzen soll, weil er selber die Kulissen malen kann. Wir haben alte Hänger in großer Zahl.« Damit meinte er Leinwände, die bemalt werden konnten. »Wir haben zahlreiche Schleier in unserem riesigen Fundus und auch eine Vielzahl von alten Kostümen. Und wir haben begabte junge Leute, die danach brennen, mit Ihnen zu arbeiten.«

»Wieso denn das?«, war meine Frage.

»Die kennen Sie von Ihren Fernsehauftritten, von Ihrem komödiantischen Wirken.«

Während dieses Gesprächs entstand das Konzept meiner »Zauberflöte«.

Die »Zauberflöte« ist ein Stück, das von einem Komiker geschrieben wurde, der für sich selber eine Hauptrolle hineingeschrieben hat, den Papageno: Emanuel Schikaneder. Er hat sich an das größte musikalische Genie, wahrscheinlich sogar ohne die Ewigkeitsbedeutung dieses Genies zu erkennen, gewandt und bei ihm eine volkstümliche Musik bestellt oder vorausgesetzt, dass dieser Mann volkstümlich komponieren kann. Mozart und Schikaneder waren Freimaurer, haben die freimaurerischen Ideen komödiantisch in das Stück verwoben und so eine überirdische Feierlichkeit als zweite Ebene geschaffen, die das Komödiantische manchmal sogar überdeckt. Die zwei Machos, die sie anscheinend waren, hatten keinerlei Skrupel mit Frauenfeindlichkeit und Vorurteilen gegen Weiberwirtschaft. Und sie waren mit den moral-säuerlichen Gesetzen Maria Theresias gar nicht einverstanden und auf der Seite von Joseph II., der ja angeblich auch Freimaurer war und sogar eine Razzia miterlebt hat. So eine Razzia kommt in der »Zauberflöte« auch vor. Sie haben sich also nicht gescheut, Zeitgemäßes, politisch Unkorrektes einzubauen.

Der gute Ausgang war gesichert, die Frau in Gestalt Paminas geradezu heiliggesprochen und ihre böse Mutter wurde bestraft. Ich konnte dann nicht umhin, ihren Auftritt wie ein Maria-Theresien-Denkmal zu gestalten. Für mich war das volkstümliche Entstehungsgetue um die »Zauberflöte« der Freibrief, sie als Volksstück zu inszenieren, mit einem begabten Maler, der mir die Dekoration mit der Hand hinmalte. Sie war ein selbstgestricktes, sichtbar gestaltetes, ein fast etwas kindliches, märchenbuchhaftes Bühnenbild. Der Maler ist über sich hinaus gewachsen, und wir haben im Fundus, wie angekündigt, wunderbare alte Leinwände gefunden, die in ihrer Brüchigkeit mit der Bemalung einen theatralischen Eindruck erzeugten.

Ich habe versucht, meine Schauspieler vollkommen natürlich zu führen und bin mit großer Überraschung auf die Mozartsche Natürlichkeit gestoßen. Es war bei jeder Probe wie ein Geschenk, weil dieses Stück so komponiert ist, wie ich es inszenieren wollte. Und meine jungen Sänger waren dazu bereit, alle die Texte so zu sprechen, als wären sie im Augenblick entstanden. Wir haben uns nicht gescheut, sie zusammenzustreichen, ein bisschen zumindest.

Ich habe einen wienerischen Papageno gehabt und habe mich erkundigt, wie Schikaneder mit dieser Rolle umgegangen ist. Ich habe eine Papagena gehabt, die wunderbar das alte Weib spielen konnte, als sie dem Papageno vorgestellt wird, und habe das komponierte Stottern im letzten Akt, als Papageno und Papagena einander gegenüber stehen, dieses stammelnde Nicht-reden-Können vor Begeisterung, so glühend echt aus den zwei Darstellern herausgebracht, dass es eine Freude war und wie eine Explosion losging, als sie sich dann die vielen Kinder wünschen. Und ich habe auch zu betonen versucht, dass nicht die Kinder der Wunsch sind, sondern wie man sie macht, der große Spaß auf Erden ist.

Und es war eine Freude, in ein verehrtes Meisterwerk über das Hintertürl der Natürlichkeit einzutreten, und die Feierlichkeit erstrahlte aus einer Sehnsucht. Zum Beispiel wenn Tamino sich in das Bild von Pamina verliebt und »Dies Bildnis ist bezaubernd schön« singt. Das ist von Mozart so komponiert, dass man sich gar kein schöneres Bild vorstellen kann. Da entsteht eine naive Liebe, eine Liebe über das Bild, und die Arie entsteht aus dieser Liebe. Wenn er mit ihr nicht sprechen darf, weil das in der »Zauberflöte« zu den Prüfungen gehört, löst seine Verweigerung des Sprechens in Pamina eine der tragischsten, traurigsten Arien aus – es gibt nichts Traurigeres, als wenn der Geliebte nicht mehr mit seiner Geliebten sprechen kann. Dass danach Papageno vor lauter Rührung gar nicht mehr essen kann, hat uns wieder ins Lustspiel zurückgeführt.

Es war ein riesiger Publikumserfolg. Manchen Zuschauern war es vielleicht nicht würdig genug, zu komödiantisch, weil ich es sehr vermenschlicht habe, weil ich die Koloraturen der Königin der Nacht als Machtausbruch inszeniert habe. Höchst brillant sind diese beiden Arien. Sie werden ja auch gefürchtet, sowohl von der Sängerin in jeder Aufführung, als auch vom Publikum. Da bangt das Publikum mit, ob die Arien zu bewältigen sind, und wenn sie zu bewältigen sind – und in dieser Inszenierung wurden sie bewältigt –, dann löst es eine große Begeisterung für die Sängerin und die Königin aus, und man erkennt die Macht der Dunkelheit, der Brillanz und des Himmels an. So war das naiv dargestellt, ich habe verlangt, dass es so gesungen wird. Also nicht nur ängstlich, sondern herrisch und deutlich, klar und brillant.

Für mich war plötzlich klar, dass der Gesang etwas Natürliches ist. In der »Zauberflöte« singt niemand, der es nicht notwendig hat, der nicht die Not damit wenden kann. Es sind eigentlich immer wieder Beschwörungen. Die Sehnsucht nach dem neuen Paar ist das Besondere in dieser Oper.

Dazu noch eine Anekdote:

Meine Proben begann ich mit der Sarastro-Szene. Mit dieser Partie war ein junger, zwei Meter großer Bassbariton besetzt.

Sarastro hält, vor seiner ersten Arie, »O, Isis und Osiris«, eine Ansprache an die Priesterschaft, und der junge Mann begann in grollendem Pathos wie ein röhrender Hirsch. Ich versuchte ihm zu erklären: »Du musst so reden wie ein Chef, der mit seinem Betrieb Sorgen hat und sich an seine engsten Mitarbeiter wendet.« Satz für Satz zerlegten wir diese schwierige Ansprache.

Der orgelnde Sänger wurde immer natürlicher, wir gingen ins Detail, er wandte sich an einzelne Priester, zögerte, wurde manchmal nervös, so wie es sich gehört, einiges sprach er gedämpft und gemessen. Nach zwei Stunden gelang ihm eine verblüffende Natürlichkeit.

Gegen Ende der Probe war mein Sarastro in Schweiß gebadet und sagte: »Aber wenn wir's jetzt noch einmal machen, darf ich dann wieder auf Organ gehen?«

Meine Antwort darauf habe ich vergessen.

♪

Es gibt auch eine andere Möglichkeit, die »Zauberflöte« zu erzählen. In einem meiner Bücher habe ich mich eines Kunstgriffes bedient. Ich habe eine Figur, den Kurti, geradezu geschnitzt – wie seinerzeit der Dichter des Pinocchio, Carlo Collodi, eine Figur geschnitzt oder Josephine Siebe ein Kasperle geschaffen hat –, eine Figur, die ähnlich einem Bauchredner die Frechheiten und Unarten, die man selbst nicht gestehen will, aufgebürdet bekommen kann. Dieser Kurti hat vielleicht Ähnlichkeit mit meinem Charakter, ist aber mit mir nicht identisch. Zumindest hoffe ich, dass er das nicht ist. Ich muss zum Verständnis jener Leute, die dieses Buch noch nicht besitzen, diesen Kurti hier, in meinem neuen Buch, noch einmal erklären. Das soll aber kein Hindernis sein, mein Buch »Warum mir so fad ist« im Nachhinein noch zu kaufen.

Kurti besucht die »Zauberflöte«

Kurti wurde in die »Zauberflöte« geführt. Einerseits zu früh, um das große Werk zu verstehen, andererseits in einem Alter, wo man schon mitbekommt, was man da sieht. Das Erste, was ihn störte, war ein dicker Sänger, der um Hilfe rief und klagte, dass er verloren sei, weil eine papierene Schlange, die nicht wirklich gefährlich aussah, in seine Nähe kam, der aber nicht davonrannte. Kurti wäre sogar vor dieser Schlange davongerannt.

Dann kamen drei dicke Frauen, jede mit einem dünnen Speer, und die Schlange zerfiel in drei Teile. So steht's ja auch bei Schikaneder, dem Textdichter der »Zauberflöte«, das hat Kurti aber nicht gewusst. Die drei Frauen unterhielten sich unendlich lange über den wie eine Leiche daliegenden dicken Sänger, den sie als schön bezeichneten, was Kurti gar nicht fand. Dann verabschiedeten sie sich, und es kam ein Mann mit Vögeln im Käfig auf die Bühne, den Kurti ganz gern hatte. Obwohl die Schlange auf dem Boden lag, bemerkte dieser Bursche, der sich Papageno nannte, die Trümmer des Ungeheuers nicht. Erst als ihn der Prinz – das war der dicke Sänger, der inzwischen erwacht war – darauf aufmerksam machte, erschrak er und gab vor, er selbst hätte die Schlange erschlagen. Da kamen die drei dicken Damen wieder und steckten ihm, weil er gelogen hatte, ein Schloss in den Mund. Wie dieses Schloss funktionieren sollte, war Kurti nicht klar. Er sah nur, dass der Bursche das Schloss freiwillig im Mund behielt.

Spuck's doch aus, denkt Kurti.

Die drei Damen überreichen dem Prinzen ein Mädchenbild, das ihm so sehr gefällt, dass er sich sofort verliebt. Für Kurti kommt das ein bisschen zu plötzlich. Darauf kündigen die Damen, die schon wieder kommen und dem Kurti inzwischen sehr auf die Nerven gehen, die Ankunft einer Königin an. Diese »Königin der Nacht« wird auf einem riesigen Felsen etwas wackelig hereingeschoben. Nachdem es auf der Bühne finster geworden ist, singt sie mit sehr hoher Stimme, aber ganz hübsch, wie Kurti findet. Sie erzählt, dass ein böser Sarastro, ein grauenhafter Kerl, ihre Tochter entführt hat. Und dann trillert sie ganz hoch. Kurti meint, dass sie etwas zu hoch trillert, weil sie oben gikst, die gute Mutter. Sie verschwindet unter Donnerhall. Papageno erscheint, kann natürlich mit dem Schloss im Mund nicht singen, wird aber von den drei Damen, die schon wieder auf der Bühne sind, Tamino eine Zauberflöte und Papageno ein Glockenspiel überreichen und von drei Knaben erzählen, befreit. Nach einem langen Abschied – die drei Damen weichen nicht und nicht von der Bühne: »Lebet wohl! Wir wollen gehn, lebt wohl, lebt wohl! Auf Wiedersehn!«, Kurti hat nicht verstanden, warum die so oft grüßen – gehen alle in verschiedene Richtungen ab.

Das zweite Bild beginnt mit drei Sklaven Sarastros. Die drei schwarzen Sklaven – Kurti denkt: Soll er jetzt Afroamerikaner oder Neger sagen? – freuen sich, dass die von Sarastro gefangen gehaltene Tochter der Königin, Pamina, »entsprungen« ist. Aber es ist nicht so. Die Sklaven rennen davon, voller Mitleid, weil sie sehen, dass ihr Aufpasser, auch ein Schwarzer, Pamina wieder eingefangen hat. Papageno kommt durch ein Fenster, gerade als der Schwarze an Pamina herumschnüffelt. Kurti hat sich schon gewundert, warum Papageno am ganzen Körper und auch am Kopf mit Federn bestückt ist. Der Schwarze mit dem bösen Namen Monostatos erschrickt vor dem Federmann. Kurti wäre auch erschrocken, wenn ihm der plötzlich so begegnet wäre. Der Federmann erschrickt gleichzeitig vor ihm. Mit etwas dümmlichem »Hu! hu! hu!« rennen die zwei jeweils nach rechts und links davon.

Papageno, der Federbursche, kommt aber gleich zurück und sagt: »Es gibt ja schwarze Vögel in der Welt, warum denn nicht auch schwarze Menschen?« Ein relativ einfältiger Satz, findet Kurti. Er trifft Pamina, die sich gerade von ihrem Schrecken erholt, stellt sich vor und vergleicht sie mit dem Bild, das er von den drei Damen bekommen hat. Dass er bei einem Porträt Hände und Füße vermisst – »hier sind auch keine angezeigt«, sagt er –, findet Kurti einen blöden Witz. Dann singen die zwei unvermittelt ein relativ hübsches Lied, das am Ende den seltsamen Satz »Mann und Weib, und Weib und Mann reichen an die Gottheit an« hat. Den Satz wiederholen sie auch noch. Kurti schüttelt den Kopf.

Im nächsten Bild führen die drei Knaben in einem Luftballon, etwas unsicher stehend und mit undeutlichen Stimmen, Tamino in einen Vorhof mit drei Tempeln. Er soll standhaft, duldsam und verschwiegen sein, sagen die Knaben. Tamino bleibt übrig, und die Knaben verschwinden. »Die Weisheitslehre dieser Knaben sei ewig mir ins Herz gegraben«, sagt er nicht ungeschwollen und: »Es zeigen die Pforten, es zeigen die Säulen, dass Klugheit und Arbeit und Künste hier weilen.« Wenn ich das in einem Aufsatz geschrieben hätte, meint Kurti, hätte ich einen Fünfer bekommen.

Tamino will in eine der drei Türen rechts und links hinein. Jedes Mal ertönt ein: »Zurück!« Dass er die dritte, die große Haupttür, nicht gleich bemerkt hat, sondern erst jetzt sagt: »Da sehe ich noch eine Tür«, ärgert Kurti. So blöd kann doch niemand sein, dass er die Mitteltür nicht gleich sieht.

Aus dieser Mitteltür kommt der Sprecher des Tempels, der Tamino erzählt, dass die Weiber nix wert sind. Was Kurti, der für Frauen was übrig hat, ein bisschen ärgert. »Ein Weib tut wenig, plaudert viel. Du, Jüngling, glaubst dem Zungenspiel?« Was der mit Zungenspiel meint, hat Kurti nicht gleich verstanden. So ganz genau drückt sich der Mönch aus der Mitteltür sowieso nicht aus. Er verschwindet, wie er gekommen ist.

Tamino hofft, Pamina, die er ja noch immer nicht kennt, die er aber aufgrund des Mädchenbildnisses unerhört liebt – warum, hat Kurti nicht verstanden –, mit seiner Zauberflöte herbeizulocken. Tamino hält die Flöte in die Höhe und die spielt von selber. Aber Kurti merkt, dass einer im Orchester die Flöte spielt. Das ärgert ihn schon wieder.

Jetzt kommen merkwürdigerweise aus allen Löchern und Seiten Viecher auf die Bühne, die natürlich keine echten Tiere sind, weil überall die Haxen von Ballettmädeln herausschauen, sowohl beim Elefanten als auch beim Löwen, von den Affen gar nicht zu reden. Diese Tiere benehmen sich ein bisschen läppisch und gehen wieder weg. Warum, weiß man nicht.

Dann hört man das Trillern vom Papageno-Pfeiferl, und Papageno kommt mit Pamina hereingelaufen, nachdem Tamino auf der anderen Seite davongeeilt ist. Auch wieder sinnlos. Wäre er in die andere Richtung gegangen, dorthin, wo die Pfeife vom Papageno deutlich zu hören war, hätte er ihn gleich getroffen.

Papageno und Pamina singen: »Schnelle Füße, rascher Mut«, aber statt davonzurennen, singen sie nur, dass sie »schnelle Füße, raschen Mut« brauchen. Die Flucht wird unterbrochen. Monostatos erwischt sie und will sie gerade abführen, da kommt der böse Sarastro mit seinem Gefolge auf die Bühne und plötzlich ist er der gute Mann. Warum, weiß wieder kein Mensch. Er hat böse Sklaven, er hat den Monostatos, der ein Lustmolch ist, in einer hohen Stellung angestellt und er hat Pamina entführt. Er ist ein absoluter Weiberfeind, sagt auch noch zu Pamina über ihre Mutter: »Ein Mann muss eure Herzen leiten, denn ohne ihn pflegt jedes Weib aus seinem Wirkungskreis zu schreiten«, aber das Volk jubelt ihm zu. Er bestraft Monostatos und führt die beiden »Fremdlinge«, Tamino und Papageno, in seinen Prüfungstempel. Sie sollen dort Mitglieder von irgendeiner Partei werden. Zwei Priester führen sie weg, und der Vorhang fällt.

Pause.

Kurti ist schon sehr müde.

Der zweite Akt beginnt mit einem Marsch. Da dieser Marsch zu lang ist, wissen die Priester nicht – und das hat Kurti besonders geärgert –, was sie dabei anfangen sollen. Es hat ihn auch gestört, dass sie sich so oft begrüßen. Wahrscheinlich eine Notlösung, da der Regisseur die Priester nicht so lange im Kreis herummarschieren lassen wollte, wie das vielleicht in früheren Inszenierungen geschehen ist.

Dann kommt Sarastro auf die Bühne und hält eine salbungsvolle Rede. Kurti versteht nicht, warum man diese Versammlung zu »einer der wichtigsten unserer Zeit« erklärt. Es geht ja nur um die Aufnahmsprüfung von Tamino. Nach einer kurzen Befragung lässt Sarastro abstimmen, ob Tamino in die Partei – was für eine das auch ist – aufgenommen werden soll. Zu drei langen Trompetenstößen wird einstimmig für Tamino entschieden.

Dass Sarastro sich im Namen der Menschheit bedankt, wundert Kurti sehr. Mit einem Gebet an Isis & Osiris, eine Firma, deren Namen Kurti zum ersten Mal hört, schließt dieses Bild, wobei Sarastro noch durchblicken lässt, dass die zwei – nämlich Tamino und Papageno – auch zugrunde gehen könnten. Zum Lohn sollen sie in den Wohnsitz der Firma aufgenommen werden, was auch immer er und der Chor damit meinen.

Bei Nacht beginnen die Aufnahmsprüfungen in die Partei. Man weiß nicht so genau, was deren Mitglieder sind: Mönche, Maurer, Fanatiker oder müde Brüder, die sich vom Leben zurückgezogen haben? Jedenfalls besitzen sie einen ganzen Marterapparat, der sich über die armen neuen Ankömmlinge hermacht. Sogar der wackere, dicke Tamino findet, dass es sich um eine schreckliche Nacht handelt. Papageno hat große Angst, aber Tamino ist auch nicht frei von Furcht. Zwei kleine Priester sind zur Begleitung und Bewachung von Tamino abgestellt.

Von Pamina ist im Moment gar nichts zu hören, aber Tamino stellt die Bedingung: Wenn ich die nicht krieg, mach ich nicht mehr mit, und ist bereit für jede Prüfung.

Papageno verweigert alles, obwohl er auch ein Weibchen will. Kurti empfindet eine gewisse Sympathie für Papageno, der die blödsinnigen Prüfungen nicht mitmachen und lieber ledig bleiben will und auf die Vorschläge des einen kleinen angestellten Priesters nicht eingeht. Beide dürfen, was auch immer geschieht, nicht sprechen. Die zwei Angestellten singen ein etwas fades Duett – zweistimmig –, in dem sie wieder über die Weiber herziehen, was Kurti, der Frauenfreund, schon nicht mehr hören kann. Es wird finster, und wer kommt mit einem Aufzug aus der Erde hinaufgefahren: die drei Damen. Warum, keine Ahnung. Sie wollen die zwei zum Schweigen Verpflichteten zum Reden bringen, was ihnen tatsächlich gelingt.

Tamino sagt ununterbrochen: »Stille, sag ich! – Schweige still! Wirst du immer so vermessen deiner Eidespflicht vergessen?«, und redet dabei wie ein Wasserfall. Nach Meinung von Kurti wären beide schon durchgefallen. Dann verlassen die drei

Damen die zwei »mit Scham«. »Es plaudert keiner sicherlich«, behaupten sie. Sie haben aber ununterbrochen geredet. Mit Donner und Blitz versinken die Damen.

Ein paar Mal muss Kurti über Papageno lachen.

Ich will jetzt nicht die ganze Geschichte von Kurtis Opernbesuch erzählen, ich will nur schildern, wie es Kurti im zweiten Teil noch ergangen ist.

Der häufige Bilderwechsel; die verzwickte Handlung; das Schweigen Taminos, während Pamina ihn bestürmt und sich – nur weil er nicht redet – gleich umbringen will; die drei Knaben, die sie vom Selbstmord abhalten, mit piepsigen Stimmen unverständlich singen und dann fröhlich trällernd mit Pamina fast im Walzerschritt abgehen; die Königin der Nacht, die eine zweite Arie singt und ihrer Tochter zu deren Entsetzen einen Dolch zur Ermordung Sarastros überbringt; Sarastro, der knapp vor der Vergewaltigung Paminas durch Monostatos einschreitet und eine salbungsvolle, recht schöne Arie von seinen heiligen Hallen singt; all das, dann ein plötzlich ausbrechender Isis-Chor, der wie aus einer anderen Oper klingt, und zum Schluss Papageno mit einer Alten flirtend, die sich dann als sein »Weibchen« Papagena herausstellt…

All das verwirrte den armen Buben immer mehr, der ein paar Mal Sympathien für Papageno empfand und dem das Stottern mit seiner Papagena einen gewissen Eindruck machte. Als dann die zwei für ihre große Prüfung mit der Zauberflöte zu einer trostlosen Musik, die für Kurti wie Gepimper klang, durchs Feuer gingen, war das für Kurti zu viel, zumal die beiden heil aus dem Feuer herauskamen, das nicht wie ein Feuer aussah, sondern nur durch eine rötlich flackernde Beleuchtung hergestellt wurde. Vom Wasser, durch das sie auch gehen mussten, ganz zu schweigen. Nass kamen sie nicht heraus und verbrannt auch nicht. Dazu standen noch zwei Geharnischte herum. Das Bild dauerte recht lange, und es war schon so spät, dass die heiteren Bilder danach ihn nicht mehr richtig erwecken konnten.

Zum Schluss war er ganz froh, dass Sarastro den Putschversuch der Königin der Nacht überstand. Was mit ihr geschehen ist, hat Kurti nie erfahren. Irgendwie tat sie ihm leid, weil sie eigentlich schlecht behandelt wurde und immerhin die Mutter Paminas war. Mit großem Pomp, unter dem Strahlen der Sonne und dem Jubel des unvermittelt auftauchenden Volkes wurden die zwei dann in die Partei aufgenommen. In der waren sogar Frauen, bemerkte Kurti. Und vielleicht ist durch die Aufnahme von Pamina der Männerbund ein bisschen frauenfreundlicher worden.

♪

Wenn man sagt, dass die Oper keine Zukunft hat und nichts Heutiges ist, dann könnte man auch fragen: Wozu hat man einen Stephansdom? Wozu hat man noch Pyramiden oder das Taj Mahal? Wozu hegt und pflegt man noch Persepolis und erfreut sich an all diesen Schätzen?

Ein relativ junger Schatz, die Oper, existiert ja noch nicht sehr lange, im 17. Jahrhundert ist sie erfunden worden, hat sich entwickelt, hat verschiedene Richtungen durchlebt, und die Meisterwerke werden heute gehegt und gepflegt. Sie werden auch geliebt, natürlich von einem Kreis. Es gibt ja nur mehr Kreise. Es gibt nur mehr Kreise, die den »Faust« lesen. Es gibt nur mehr einen Kreis, der Gedichte liest, einen Kreis, der Brecht-Gedichte liest, Kästner-Gedichte, Rilke-Gedichte, Goethe-Gedichte. Wenn man diesem Kreis, der sich vielleicht verringert – zahlenmäßig verringert er sich gar nicht, es lesen heute sicher mehr Leute Goethe als zu dessen Zeiten Goethe gelesen haben –, wenn man diesem Kreis das nicht gönnt und ihm nicht das Bewahrende zugesteht, dann begibt sich die Menschheit ihrer Schätze, dann schmeißt man für ein tippwütiges, in der Straßenbahn schon dem Smartphone und Handy verfallenes Publikum diese Schätze weg, die übrigens im Internet bereits ihren Raum einnehmen.

Der Glanz ist etwas, das sehr leicht verschwindet und sich leicht trübt, wenn man die Glanzpunkte der Kunst vernachlässigt oder für unzeitig erklärt. Es gibt Dinge, die überleben, und es gibt Anhänger, die dafür sorgen, dass diese Dinge überleben.

Und gerade jetzt gibt es eine große Anzahl von Opernanhängern. Die Anhängerzahl ist ständig im Wachsen, natürlich darf man sie nicht mit der Zahl der Fußballfans vergleichen oder mit der von Rockkonzerten, wobei die Rocker ja auch schon grauhaarig werden.

Was eine Ewigkeitskraft in sich hat, wird überleben. Aber es muss gehegt und gepflegt werden. Das ist die Verpflichtung, die wir großen Meisterwerken gegenüber einzugehen haben.

♪

In der Oper ist es oft die Melodie, die Spannung erzeugt. Richard Wagner hat Vincenzo Bellini vergöttert, weil er Melodien hat, die spannend dahinweben. Man kann keine Melodie von Bellini nachsingen oder pfeifen, von Verdi fallen einem sofort hunderte ein. Verdi hat halt eine andere Absicht. Das Kriechende einer Bellini-Melodie, das Unendliche seiner Melodie, kann spannend sein, und eine volkstümliche Verdi-Melodie, die das Nachpfeifen beinhaltet, kann eine Spannung lösen oder ein Gefühl in dir erwecken, das einem bekannt vorkommt.

Wenn man »La donna è mobile, qual piuma al vento« in »Rigoletto« zum ersten Mal hört, auch wenn man es vorher nie gehört hat, hat man schon das Gefühl, es ist etwas Bekanntes und es will ja auch etwas Bekanntes sagen, etwas Konventionelles, etwas Weiberfeindliches sogar: »Die Frau ist beweglich, unbeständig wie die Feder im Wind.« »O wie so trügerisch sind Weiberherzen« ist eine schreckliche Interpretation dieses Satzes. Beides ist weiberfeindlich, es wird von einem Sexisten gesungen und klingt wie ein banales Volkslied. Es ist auch eine banale Weisheit, die da mit einer genialen Gedudelmelodie erzählt und gesungen wird. So wie das volksliedhafte Singen des Vaters Germont in der »Traviata«, der den Sohn aus den Fängen einer Kurtisane in die Heimat zurückholen will, ein verzweifelter Vater, der nur ein geleierhaftes Schöngesinge zur Verfügung hat: »Di provenza il mar, il suol chi dal cor ti cancellò? – Hat dein heimatliches Land keinen Reiz für deinen Sinn?« Das »heimatliche Land« ist wieder eine Interpretation des Übersetzers. Im Original heißt es »von der Provinz die Sonne und das Meer«, also viel sachlicher und noch watschenhaft-heimatfilmartiger versucht er seinen Sohn zurückzuholen: nicht mit Ermahnung oder Geschimpfe, sondern mit volkstümlichem Geratsche, das Verdi mit einer wunderschönen Melodie gestaltet, aber bevor Vater Germont singt, sind richtige Leierkastenakkorde komponiert.

♪

Die Vorbereitung zu einer Opernregie hat für mich etwas Seltsames, man könnte fast sagen Asiatisches. Ich muss durch Anhören von Platten oder CDs oder durch Lesen des Textes, den ich erst dann lese, wenn ich dazu innerlich schon die Musik höre, in mir einen Zustand der Begeisterung und des Glaubenwollens erwecken. Ich muss an das große Märchen mit Musik glauben, das eine Oper immer ist. Jede Oper hat Märchenzüge, verlangt einen märchenwilligen Zuhörer, einen märchenfreundlichen Zuhörer, erschließt sich nicht einer intellektuellen Forderung nach durchgehend Natürlichem oder Realem, sondern es muss sich eine große Hintertüre des Glaubhaften eröffnen. Ich führe hier immer die Märchen der Brüder Grimm als Beispiel an oder die Erzählung vom Christkind, von dem Osterhasen, dem Krampus, dem Nikolo und den Gespenstern, die nur dann ihren Schrecken verbreiten können, wenn man sie als echt empfindet. Nur solange man an den eierlegenden Osterhasen glaubt, freut man sich diebisch über das im Garten vom Vater versteckte Ei.

Man muss bereit sein, und das ist meine Vorbereitung, die Geschichte der jeweiligen Oper als selbstverständlich zu empfinden und genau zu hören, was die Musik meint und wo sie den Darsteller unterstützt oder fordert. Ich sage lieber Darsteller als Sänger, weil das Singen etwas Selbstverständliches sein muss. Ein Sänger, der nicht selbstverständlich singt, ist noch kein guter Sänger. Der muss noch etwas lernen. Das Singen muss seine zweite selbstverständliche Sprache werden. Und das Darstellen darf nicht etwas Stellendes oder Darstellendes haben, sondern es muss eine Selbstverständlichkeit, eine Identität sein.

Der Zwerg Mime in Wagners »Ring« braucht nicht einmal so klein zu sein wie ein Zwerg, sondern er muss das Zwerghafte ausstrahlen und es auch in sich empfinden. Er muss sich als Zwerg fühlen. Es geschieht einem im Leben ja immer wieder, dass man sich als Zwerg fühlt. Es ist gar nicht die Größe. Man schrumpft innerlich. Der Charakter des Mime ist das Zwerghafte. Es ist zwar schon ganz gut, wenn er nicht 1,80 Meter groß ist, wenn er körperlich kein Riese ist, aber auch der kleinste Darsteller des Mime wird kein guter Mime sein, wenn er sich nicht zwergisch fühlt.

Dazu muss man Zwerge beobachtet haben. Man muss Zwergisches in Menschen entdecken und Mime zu Zwergischem verführen. Der Text von Wagner ist ja allein schon eine ganz große Verführung und seine Musik noch dazu, wenn Mime, der ja ein genialer Handwerker ist, in »Siegfried« das Schwert nicht schweißen kann, daran nestelt, falsch oder vergeblich hämmert, es wieder hinschmeißt und zwei Hände zu viel hat zum Arbeiten. Zwergenhände, geschickte Zwergenhände, die versagen. Das ist eine Szene, in der man den Mime damit beschäftigen kann, und das ist schon eine Aufgabe, eine Stanislawskische Aufgabe, um den großen russischen Urregisseur zu zitieren. Daran kann man sehr viel arbeiten, wie er schwitzt, wie er sich mit verkrampften Händen die Schweißperlen von der Stirn fegt, wie er das Schwert nicht mehr halten kann, weil die andere Hand verkrampft ist. Die Schläge sind genau komponiert von Wagner und sind genauso ungeschickt komponiert, wie er wirklich hämmern muss, bis er sagt: »Zwangvolle Plage! Müh' ohne Zweck!«, oder wie er dann aufkreischt: »Und

20 Wiener Staatsoper 1967: »Don Giovanni« von Wolfgang Amadeus Mozart mit Gundula Janowitz als Donna Anna im Bühnenbild von Luciano Damiani

21 Metropolitan Opera New York 1968: Birgit Nilsson in der Titelrolle und Franco Corelli als Cavaradossi in »Tosca« von Giacomo Puccini

22 »Sie hat mich nie geliebt …«: Nicolai Ghiaurov als Philipp II. in »Don Carlo« von Giuseppe Verdi, Wiener Staatsoper 1970

23 Wiener Staatsoper 1968: Christa Ludwig als Marschallin und Gwyneth Jones als Octavian in »Der Rosenkavalier« von Richard Strauss

24 Wiener Staatsoper 1970: »Fidelio« von Ludwig van Beethoven mit Gwyneth Jones als Leonore, James King als Florestan sowie Karl Ridderbusch als Don Fernando und Franz Crass als Rocco

ich kann's nicht schweißen, Notung das Schwert!« – die Trümmer, die ihm ausgeliefert worden sind von Sieglinde, der sterbenden Mutter Siegfrieds. Das sind grandiose Szenen, und damit kann man arbeiten.

Für die Vorbereitung muss man mit seinem Bühnenbildner das ganze »Werkl« erst herstellen. Ich nenne Werkl das, was die Geschichte erzählen kann. Man muss etwas erfinden, das kann symbolisch sein, kann realistisch sein, aus Weglassungen hauptsächlich bestehend und Bedeutendes zeigend. Ich habe mich oft am Wetter orientiert. Bei Wagner wird immer wieder ein Wetter vorgeschrieben. Mit meinem wunderbaren Bühnenbildner Günther Schneider-Siemssen habe ich mich an das Wagnersche Wetter gehalten. Wagner war ja sehr wetterfühlig und das hat er auch in seine Musik hineinkomponiert. Und wenn man dieses Wetter auf der Bühne erzeugt, ist man schon mittendrin in der Szene. Ein trüber Tag, ein schöner Sonnenaufgang, das Gewitter in »Rheingold«, ein inszeniertes Gewitter vom Gott des Donnerns, fast wie ein Feuerwehrsignal. So wie der Donner hat die Feuerwehr damals in meiner Kindheit geblasen.

Nach dem fegenden Gewitter in »Rheingold« wird ein Regenbogen vorgeschrieben, über den die Götter nach Walhall ziehen. »Folge mir, Frau«, sagt Wotan zu seiner betrogenen Gattin, »in Walhall wohne mit mir!« Das heißt, er stellt ihr eine Burg zur Verfügung und verspricht ihr ein Leben in diesem kalten, schönen Prunkschloss – so wie viele viele Männer sich loskaufen mit Wohnrecht, großen Autos und Villen an der Riviera oder mit schicken Chalets, wenn sie ein schlechtes Gewissen haben.

♪

Ich hatte immer das Gefühl, wenn ich ein Werk inszeniert hatte: Jetzt ist eine Epoche erledigt, und ich will eigentlich gar nicht mehr daran erinnert werden. Wenn ich eine Oper, in der ich bereits Regie geführt habe, an einem anderen Haus inszenierte, bin ich schon an alten Gedanken hängen geblieben. Ich habe nichts neu gemacht, wenn mir etwas gelungen war, obwohl ich immer gern etwas Neues gemacht habe. Das aufregend Neue waren dann die neuen Sänger, wenn ich neue Fantasietalente in den Händen hatte. Das Fantasietalent war für mich das schönste Geschenk: Wenn ein Sänger angesprungen ist auf Details; wenn er im richtigen Moment die richtige Gänsehaut bekommen hat; wenn er das richtige, strahlend ruhige Gesicht gezeigt hat, dem man das Gefühl angemerkt hat und das man beobachten konnte; ein Darsteller, der einem nicht etwas aufoktroyiert hat, sondern der eine Aura verbreitete, die Anteilnahme verlangt hat. So waren zum Beispiel Eberhard Waechter, Waldemar Kmentt, Sena Jurinac, Anna Netrebko, Bernd Weikl und Darsteller von nicht so großen Rollen wie zum Beispiel Heinz Zednik Komödianten. Jetzt sollen bitte all jene nicht böse sein, die ich nicht genannt habe. Es waren Glaubhaftigkeitsgierige, wenn man das Wort strapazieren darf. Sie waren gierig danach, dass man ihnen glaubt, was sie spüren und tun, und dass man versteht, warum sie das tun.

Ich bin ein großer Anhänger der äußeren Tätigkeiten. Ich finde, dass der Mensch sehr viel verrät, wenn er was tut. Das muss nicht viel sein. Es genügt, wenn er sich die Hände wäscht oder die Brille sucht oder wenn er nicht weiß, wo er sich hinsetzen soll, oder wenn er die Achsel zuckt in einem seltsamen Moment und den Kopf ganz leicht schüttelt. Das kann etwas verraten. Es kann auch in ihm etwas erwecken, sodass er dann das Richtige fühlt. Wenn man fühlen *will*, fühlt man nicht. Wenn man was tut, was man bei so einem Gefühl täte, kann es sein, dass man es auch fühlt, wenn man es tut.

Ich habe immer meinen eigenen Rhythmus gehabt und meinen Rhythmus dem Theater auch ein bisschen aufoktroyiert. Ich bin kein hypochondrischer Langprobierer und habe sehr effektiv probiert. Manchmal hätte ich ein bisschen mehr Chorproben haben wollen und habe sie manchmal auch bekommen. Früher ist mehr auf der Bühne probiert worden und jetzt wird immer mehr auf Probebühnen probiert. In Amerika zum Beispiel waren da die Szenen fantastisch markiert. Die Probebühne stellte fast die ganze Dekoration dar, nur nicht die Höhe, aber die Böden, der Grundriss, alles war fast wie auf der Bühne, und das ist sehr wichtig. Das hätte ich gerne öfter. An der Wiener Staatsoper können sie bei vierzig Opern, die sie im Jahr spielen, die Bühne für Proben nicht so oft hergeben, wie man sich das als Regisseur wünscht. Das ist nicht nur in Wien so. In jedem Repertoire-Opernhaus wird die Probebühne auch für Wiederaufnahme-, Neu- und Umbesetzungsproben genutzt.

Ich habe über dreißig verschiedene Opern an der Wiener Staatsoper inszeniert und fünfzehn an der Metropolitan Opera in New York. Ich weiß gar nicht, wann das war und wie man das überhaupt kann. Wenn man mich vorher gefragt hätte:

»Willst du dreißig Opern an der Staatsoper machen?«, hätte ich den Frager für wahnsinnig erklärt. Ich hab's auch nicht geglaubt, bis man mir die Liste vorgelegt hat.

Es ist erstaunlich, für mich ist Musik eine Sprache. Nikolaus Harnoncourt sagt sogar, dass es Sätze sind, die da komponiert werden, nur halt in Tönen.

Für mich war Musik auch immer eine Anweisung. Ich habe das Notenbild in meiner Arbeitsweise vermieden, nur das Hören und Horchen geschult, nicht das Schauen und Mitlesen. Ich kann nicht in eine Partitur schauen, während ich arbeite. Ich kann nur zuhören und Anweisungen geben. Dazu brauche ich einen direkten Kontakt. Der Kontakt ist die Musik.

Ich habe gar nicht gewusst, dass ich mit Musik arbeiten kann, bis ich es das erste Mal getan habe. Und dann war es mir ganz selbstverständlich.

Nun war ich von Kindheit an geschult, dass der singende Mensch ein darstellender Mensch ist, ein echter Mensch und kein seltsames, unnatürliches Wesen. Für mich war Gesang schon vom Kinderlied her, von dem, was mir mein Vater vorgekrächzt und meine Mutter vorgesummt hat, eine Form, sich auszudrücken. Ich habe schon als Kind »Rigoletto« gespielt und versucht, singend zu sterben und singend zu beten. Bei der Maiandacht habe ich mit meiner Mutter zusammen Marienlieder gesungen und eigentlich nicht gebetet, sondern singend Frömmigkeit empfunden. Im Krieg sind wir nur in Messen gegangen, wo es »Großer Gott, wir loben dich« am Schluss gab. Bis dahin war mir fad. Dann kam dieser sakramentale Segen, da wusste ich: Jetzt geht's los. Und dann haben wir ganz laut »Großer Gott, wir loben dich« gesungen. Gar nicht so sehr wegen dem lieben Gott, sondern eigentlich als glühenden, lebendigen Anti-Hitler-Protest.

Bei Nachinszenierungen von Wiederaufnahmen ist es, als wenn man eine geliebte Antiquität wieder auf Glanz bringt. Es ist so, als ob man einem unbekannten Regisseur auf die Beine hilft, dem frühen Schenk als alter Schenk ein paar Ratschläge erteilt. Eine totale Neuerweckung wäre vermessen. Man muss die Antiquität schätzen. Das geht sicher nicht bei all meinen Inszenierungen, dazu bin ich nicht bereit und auch nicht fähig und ich bin ja bei vielen froh, dass sie schon weg sind. Aber wenn ich eine liebe, dann freue ich mich auf alte, bekannte Einfälle und vielleicht habe ich dazu noch einen zärtlichen Einfall, einen unaufdringlichen Einfall, der verwendbar ist. Oder es wird mir von einer neuen Besetzung etwas angeboten.

Ich habe ja mit manchen neuen Sängern gar nicht mehr gearbeitet. Da haben meine Assistenten wunderbare Leute mit meinen Anweisungen hingestellt. Die Assistentencrew in einem großen Theater wie der Wiener Staatsoper oder der Metropolitan Opera sind die wichtigsten Garanten, dass die Vorstellungen herzeigbar sind. Eine herzeigbare alte Vorstellung ist eigentlich schon ein Sieg einer Repertoire-Oper.

Das Regiebuch entsteht während der Arbeit. Ich schreibe keines. Ich kann nicht in ein Buch schauen, während ich arbeite. Ich kann die Augen nicht von der Bühne lassen. Wenn ich wegschaue, fällt ein eiserner Vorhang durch mein Gedächtnis. Ich schaue immer hin, und es muss mir von der Seite gesagt werden, wenn ich eine falsche Türe bezeichne oder einen falschen Sessel. Das sagt mir der Regieassistent, der ein genaues

Buch fertigstellt. Es waren jetzt alle sehr froh darüber, dass es diese alten Regiebücher gibt, weil meine Regieassistenten aus der Urzeit alle schon tot sind. Ich bin ja ein Überlebender, das darf man nicht vergessen. Wer lebt fünfzig Jahre danach oder arbeitet noch immer so wie ich, wenn er damals schon dreißig oder vierzig war. Es gibt jetzt ganz besonders gute – Mädchen sind das hauptsächlich – Regieassistenten, die sehr dankbar dafür waren, als ich jetzt zum Beispiel »Fledermaus«, »Rosenkavalier«, »Fidelio« wieder aufgewärmt habe, dass es ein genaues Regiebuch gibt mit Schenk-Texten, die ich nicht einmal lesen kann, weil die so ganz in ihrer Art geschrieben sind. Auch meine blöden Witze haben sie alle aufgeschrieben. Aber sie waren sehr dankbar, dass sie jetzt wieder Authentisches von damals in der Hand haben, um den Sängern sagen zu können: Das hat der greise Meister Schenk noch von seinem Regiestuhl herunter geflüstert.

Die Langlebigkeit meiner Inszenierungen, die man ihnen attestiert, löst in mir große Zweifel aus. Was man in einer meiner Inszenierungen nach Jahren sieht, ist ein Bruchteil dessen, was ich in die Inszenierung investiert habe. Wie die Leute miteinander umgehen, wie sie sich anschauen, wie sie sich streicheln, küssen, geschickt oder ungeschickt, wie sie stolpern oder mutig gegen eine Tür rennen, die Tür zuschlagen, wie sie sich ins Bett legen – das habe ich ihnen alles gezeigt und das war mir wichtiger als der optische Käfig, in dem das Bühnengeschehen stattfindet, und die Dekoration oder das Minimum der Dekoration, wenn man es stilisiert oder weglässt, weil man nicht zwei Kirchen zugleich auf die Bühne stellen kann. Das war nur ein anderer Teil der Inszenierung und ein Minimum dessen, was ich fünf oder sechs Wochen lang bearbeitet habe. Da bin ich in den Fängen des Opernbetriebes.

Das kann aber auch ganz glücklich ausgehen. Als Rolando Villazón den Nemorino in meiner »Liebestrank«-Inszenierung übernommen hat, hat das Stück einen zweiten Aufschwung erlebt, noch dazu mit der Partnerin Anna Netrebko. Da haben die zwei auf geradezu telepathischem Weg nicht nur mich bedient, sondern sogar beschenkt. Vielleicht, hätte ich, wenn ich dabei gewesen wäre, ihnen noch etwas dazu schenken können. Aber in diesem Fall wurde es eine Bereicherung durch den Betrieb mit genügend Einübungsproben und mit der Hilfe einer Crew von Assistentinnen, die sowohl an der Met wie auch an der Wiener Staatsoper zu den Besten des Hauses gehören und in Kurzzeit Übermenschliches leisten: Mit Notsituationslösungen, Blühenlassen von genialen Einspringern und der Verhinderung von geschmacklosen Gesten und verlogenen Ausdrucksformen.

Kathi Strohmer, ich danke Dir! Und die anderen, die ich nicht genannt habe, mögen mir verzeihen, dass ich eine heraushebe.

Für meine Inszenierungen hat man mir die Besetzungen meist vorgeschlagen. Ich hätte sie aber abgelehnt, wenn es nicht Leute meiner Wahl gewesen wären, aber ich habe sie nicht selbst vorgeschlagen. Das habe ich mir nicht angemaßt. Aber ich habe große Wünsche gehabt. Ich wollte zum Beispiel immer mit Karl Ridderbusch den Hans Sachs machen. Das ist dann auch gelungen. Es hat sich eigentlich immer so ergeben, wie ich es gerne gehabt hätte. Christa Ludwig musste man überzeugen, dass sie die Carmen noch einmal macht und sie hätte es auch nur mit mir gemacht, weil ich an ihre Carmen geglaubt habe.

Einen Franco Corelli abzulehnen kam ja nicht infrage – den habe ich mir übrigens als Carlos gewünscht, den Waechter habe ich mir immer wieder gewünscht und den Piero Cappuccilli als Carlo Gérard in »Andrea Chénier«. Trotz einer katastrophalen Probenzeit war ich für ihn. Ich war immer der Ansicht, dass das Geniale weniger Proben braucht. Ich war bei den Probezeiten bestechlich. Das war aber nur für diese Rolle, für eine andere hätte ich mich nicht breitschlagen lassen. Ich habe auch manchmal Stücke abgesagt, wenn zu wenig Proben zur Verfügung waren.

Waldemar Kmentt habe ich mir als Hoffmann gewünscht. Er war dann auch ein wunderbarer Hoffmann, das kann man heute noch in einer Videoaufnahme überprüfen.

Aber es haben sich auch Sänger mich gewünscht. Einmal kam der Direktor der Metropolitan Opera, Rudolf Bing, auf mich zu und hat gesagt: »Ich kenne Sie ja kaum, aber Sie haben eine Agentin.«

Sage ich: »Ich habe keine Agentin.«

»Doch, Sie haben eine Agentin, die Nilsson.«

Die große Birgit Nilsson?

»Ja, sie will die Tosca singen, aber sie macht es nur, wenn Sie Regie führen.«

Frage ich: »Aber woher kennt sie mich?«

Darauf er: »Sie war bei einer Probe von ›Fidelio‹ oder irgendeinem Stück, das Sie gerade machen, und hat Sie da erlebt und jetzt will sie nur Sie. Ich habe gesagt, Sie können einen berühmten Regisseur haben, aber nein, sie macht es nur mit Ihnen. Und als Cavaradossi ist der Corelli vorgesehen, aber der hat Proben nicht gerne. Wenn Sie mich fragen, seien Sie da nicht heikel, weil bei der Premiere haben Sie dann immerhin den Corelli.«

»Na, ich werde es versuchen.«

»Er kommt nur zu zehn Proben.«

»Das kann ich nicht. Lassen Sie mich wieder nach Hause fahren.«

Darauf er: »Das müssen Sie mit meinem Anwalt besprechen.«

»Nein, das will ich nicht, da probiere ich es lieber.«

Bei der ersten Probe habe ich zum Corelli gesagt: »Sit down here.«

»Where?«

Auf den Kübel soll er sich setzen und seine Pinsel putzen und soll dann auf das Bild hinaufschauen: »Don't forget the brush and then start. Let's do a film.«

Es hat ihm gefallen, dass er plötzlich etwas zu tun hatte. Und dann fragt er: »Was soll ich mit Nilsson machen, wenn sie kommt?«

»Just give her a kiss on the nose. Let's see what she does.«

Und die Nilsson ist hereingerauscht wie eine Diva, er hat sie gepackt und ihr ein dickes Busserl auf die Nase gegeben. Sie hat gelacht und es wurde eine kumpelhafte Liebesszene. Wenn sie eifersüchtig ist: Warum hat die Madonna nicht meine Augen? Der malt ein Bild von einer Frau, die in die Kirche kommt und weint, und die Nilsson ist böse, dass er sie nicht als Modell nimmt, und er sagt, er hat sowieso sie gemalt. Er malt die Madonna mit den Zügen der Tosca, also der Nilsson, aber mit den Augen einer anderen Frau, die ihn fasziniert, weil sie jeden Tag in die Kirche kommt. Das macht die Nilsson-Tosca böse, sie wird eifersüchtig, weil die Madonna nicht ihre Augen hat. Die Szene wurde auf diese Weise so komödiantisch. Die zwei wissen ja im ersten Akt noch nicht, dass es tragisch ausgeht.

Das hat dem Corelli so gefallen, dass er zu allen Proben gekommen ist, weil ihm sonst fad war zu Hause.

Bing hat mich dann einmal kommen lassen und gesagt: »Sagen Sie, ist der Corelli krank, weil er zu allen Proben kommt?«

»Kann sein, aber Hauptsache, er kommt.«

Jeder Sänger ist sehr glücklich, wenn man ihm zu tun gibt. Er fragt auch nicht: Was fühle ich? Das weiß er ja von der Musik, sondern: Was soll ich machen? Und das ist die Sucht nach der natürlichen Handlung in ihm. Es ist ein schöner Zug von Sängern, wenn sie nach einer Tätigkeit verlangen. Ich bin auch dafür, dass irgendetwas zu tun ist – oder auch nicht zu tun. Da muss man halt das tun, was man tut, wenn man nichts tut. Das Kaleidoskop der Details ist zu bedienen und macht die Glaubhaftigkeit, wenn es nicht überhandnimmt, sondern ein natürlicher Fluss ist und die Musik strömt.

Musik ist eine Notlösung, sie löst die Not. Und das Singen ist das, was man erzählt, was in einem vorgeht. Das kann ein wenig hilflos und nebenbei geschehen, sodass man glaubt, der Mann hat überhaupt nichts zu sagen, er muss alles singen, was er sagt. Wenn man sich das angewöhnt, dann wird man ein Opernnarr. Es gehört schon eine kleine Bereitschaft zum Ver-rückten dazu, wenn man die Oper betritt. Ver-rückt. In eine andere Welt gerückt. In eine Musikwelt gerückt. Musik ist eine Sprache, und das Sprechen in der Musik ist das Singen.

25 Wiener Staatsoper 1971: »Der Besuch der alten Dame« von Gottfried von Einem mit Christa Ludwig als Claire Zachanassian und Eberhard Waechter als Ill

26 Bayerische Staatsoper München 1971: »Simon Boccanegra« von Giuseppe Verdi mit Gundula Janowitz als Amelia Grimaldi und Eberhard Waechter in der Titelrolle im Bühnenbild von Jürgen Rose

27 Wiener Staatsoper 1972: »Der Freischütz« von Carl Maria von Weber mit (v.l.n.r.) Renate Holm als Ännchen, Gundula Janowitz als Agathe, Manfred Jungwirth als Kuno und James King als Max

Von Sängern, vom Singen und von der Sprache

Wenn man sagt, Diven gäbe es heute nicht mehr, dann halte ich das für eine gesunde Entwicklung. Als großer Verehrer der Maria Callas ist mir das Divische an ihr auf die Nerven gegangen. Ich habe sie immer dann besonders lebendig, aufregend und gut gefunden und ihr meine Begeisterung zu Füßen gelegt, wenn sie ganz echt und selbstverständlich wie ein griechisches Mädel Theater gespielt hat, mit einer Stimme, bei der sie nicht einmal Wert darauf legte, sie besonders schön zu formen, sondern echt gesungen hat wie als Tosca unter Victor de Sabata. Wenn sie die Wahrhaftigkeit der Szene bedient hat und nicht die Attitüde des großen Ruhmes im Knopfloch hatte. Dort war sie die Callas meines Herzens.

Die Lucia Popp, die Sena Jurinac, die Edita Gruberová, die Anna Netrebko, die Gabriela Beňačková sind alle keine Diven. Die Beňačková ist mir auf der ersten »Chenier«-Probe gar nicht aufgefallen. Ich habe sie nur als besonders natürliches Mädel empfunden und dann habe ich gesehen, aha, das ist meine Hauptdarstellerin. Und sie wurde eine großartige Partnerin von Plácido Domingo, der auch kein Divus ist, sondern immer selbstverständlich seine Rollen gespielt hat. Die Renate Holm als Despina in »Così fan tutte« war keine Diva, sie war ein natürliches Wesen und man hat sie mit dem Stubenmädchen geradezu verwechselt, liebevoll verwechselt und ihr zugejubelt.

Divengehabe war mir immer unangenehm. Ich habe sogar die Elisabeth Schwarzkopf, die vielleicht den Untertitel Diva geführt hat, nicht in ihren großen Rollen als Diva empfunden. Ihre Fiordiligi in der »Così« war ein leidenschaftliches Wesen. Die erste Arie »Come scoglio« hat sie aufgeregt und stolz gestaltet, sodass man gar nicht gedacht hat, dass das eine Sängerin ist, sondern der Gesang kam ganz selbstverständlich als Resultat einer Aufregung aus ihr heraus.

♪

Ich bin allergisch auf Hals-Nasen-Ohren-Sänger. Das heißt auf Sänger, die ihre Töne so produzieren, als würden sie ihrem Arzt die Einsicht in die Mandeln ermöglichen. Dazu machen sie, egal, was sie singen, ein verzweifeltes Gesicht. Verständlich, denn es gelingt ihnen nicht, eine wirklich schöne Stimme hören zu lassen.

Ich glaube, man hat ihnen schon in der Lehrstunde den Apparat des Singens ruiniert und sie müssen mit dieser Ruine mit verzerrter Miene und Öffnung der Nasenhöhlen bei geschlossenen Augen und hilflosen Bewegungen des gesamten Körpers ihre Partie abliefern, der sie nicht gewachsen sind. Dass dabei überhaupt Gesang entsteht, ist fast ein kleines Wunder. Aber »das Wunder ist des Glaubens liebstes Kind« sagt Goethe. In jene Sphären wage ich nicht zu streben.

Auf die Frage, was macht man als Regisseur mit so einer Sängerin oder so einem Sänger, lautet die Antwort: Umbesetzen.

♪

In meiner Jugend gab es einen deutschen Belcanto. Es war früher selbstverständlich, dass die Opern an der Wiener Staatsoper in Deutsch, also in unserer Landessprache, gesungen wurden, und so haben wir sie auch auswendig können. Da gab es eine ganze Riege von österreichischen und sogar ausländischen Sängern, die diese deutsche Art im Italienischen, diese Liebe zu Verdi in deutscher Sprache bedient und ihre ganze Kraft hinein gelegt haben. Es gibt sogar von Lauritz Melchior einen Tod Otellos, der tief erschütternd ist, auch weil er deutsch gesungen ist. Ich habe »Otello« mit Wolfgang Windgassen und Sena Jurinac deutsch inszeniert, da sind andere Sachen herausgeholt worden. »Lache, Bajazzo!« mit Helge Roswaenge ist deutsch so meisterhaft gesungen, dass man es gar nicht mehr italienisch hören will.

Komischerweise habe ich aber »Così fan tutte« auf Italienisch sehr viel lieber, auch den »Figaro«. Aber »Die Königin der Engel schwebt zu Häupten uns« in Verdis »Forza del destino«, von Margarete Teschemacher gesungen, ist wunderschön auf Deutsch. Franz Werfel hat Verdi übersetzt, den »Don Carlo«, »Die Macht des Schicksals«. Durch seine Übersetzung gab es die Wiedererweckung vom selten gespielten »Carlo«, der heute eine gängige Oper, nicht nur in Wien, ist.

Leo Slezak hat alles auf Deutsch gesungen. Die Oper hatte dann etwas vom deutschen Lied, bei Otello war es wagnerisch. Verdi selber hat einmal gesagt: »Ich habe meinen ›Otello‹ für einen deutschen Tenor geschrieben.« Ein Verrat war das nicht, aber dadurch, dass man in Wien gierig auf den neuen Verdi

Leo Slezak

war, wurde zum Beispiel die »Traviata« innerhalb von ein paar Wochen im Schnellzugtempo übersetzt. Wien war ja eine Verdi-Stadt. Da sind Übersetzungen hudriwudriartig herausgebracht worden, dann waren die Highlights in Deutsch so bekannt, dass man sie nicht mehr verändern konnte.

»O wie so trügerisch sind Weiberherzen«, ist wirklich nicht gut übersetzt. Aber man konnte den »Schlager« nicht mehr ändern. »Bella figlia dell'amore« ist mit »Teures Mädchen, sieh mein Leiden« völlig verhunzt. Der Herzog müsste wörtlich übersetzt »Schöne Tochter der Liebe, ich bin der Sklave deiner Reize« singen.

Es wurde aber in der falschen Übersetzung so populär, dass es so geblieben ist. Und man hat die berühmte Don-Giovanni-Arie »Fin ch'han dal vino« Champagnerarie genannt, in der kein Wort von einem Champagner vorkommt. Die »Spiegelarie« in »Hoffmanns Erzählungen« handelt eigentlich von einem Diamantring.

Apropos Spiegelarie, sie ist in der Originalpartitur gar nicht enthalten. Sie wurde vom Bearbeiter Ernest Guiraud aus der Offenbach-Operette »Le voyage dans la lune« eingefügt. Da musste man lange noch Tantiemen zahlen.

♪

Man muss immer wissen, warum gesungen wird. Man muss kapieren, warum Sänger singen und nicht sprechen. Es muss ihnen so zumute sein, dass sie nur singen können, was sie zu sagen haben. Dieser kleine Schwung in das andere Land, in das Land der Musik, den muss man glaubhaft machen.

In der Operette bricht eine Laune aus, eine Sentimentalität, ein klagendes, hypochondrisches Leid, bricht eine Stimmung aus, die alle ansteckt, die auf der Bühne sind. Wenn diese Stimmung nicht ausbricht, wenn dieses »Verzweifelt nicht mehr sagen können, wie einem zumute ist«, weil man es singen muss, wenn das nicht bedient wird, ist es langweilig. Man arbeitet dann für Kenner, die das Stück schon hundertmal gesehen haben und die ein bisschen diese Laune im Magen haben und mit halb geschlossenen Augen, knapp vorm Einschlafen, diesen Pseudogenuss des Musikgedudels empfinden. Aber der Abend ist dann verschenkt.

Auch bei konzertanten Aufführungen von Opern muss der Moment kommen, in dem der Sänger zu singen anfängt, weil er nicht anders kann, ob er die Noten in der Hand hält oder nicht. Wenn er die Noten in der Hand hält, vermittelt er, dass er der Interpret ist, er muss dann nicht ganz identisch mit seiner Rolle sein, da kann er auch einen Frack anhaben. Halb spielen ist dann blöd. Da will er jemandem ein Stück nahebringen, aber auch mit Gefühl und Erregung. Einer Erregung, die ihn zum Singen veranlasst. Sonst könnte er vorlesen, was er in der Hand hält oder was er auswendig kann. Ich finde es gar nicht notwendig, dass er es auswendig kann. Ich finde es sogar legitim, dass er sagt: Schaut's, hört zu, was der Puccini da für Sachen für euch hat, hört's einfach zu. Und mit dieser Freude, mit dieser Leidenschaft, müssen in dem Moment, in dem er zu singen anfängt, seine Augen aufgehen, nicht nur seine Pappn.

Ein Sänger muss, wenn er in einer anderen Sprache zu singen hat, sich zuerst in diese Sprache verlieben. Er muss Freude an dem neuartigen Ausdruck empfinden und verstehen, warum diese Sprache zur Musik geworden ist. Es nur phonetisch zu lernen, ist katastrophal und bedeutet dann wirklich Idiotenarbeit. Ich weiß zum Beispiel, dass sich Eberhard Waechter ins Italienische vernarrt hat, ja eine Italianità-Sucht in sich erzeugt hat. Er hat sich geradezu eingebürgert.

Ich selbst habe die Gralserzählung in der Josefstadt auf Russisch gesungen, und die Leute haben geglaubt, dass das ein erfundenes Russisch war. Ich hatte sie aber mit Lisa Schüller, einer wunderbaren Russischlehrerin, die ich aus einer Fernsehsendung kannte, ganz korrekt einstudiert. Aber das war ja nur eine Einzelarie.

Bevor man die Rolle des Russen nicht in sich aufgenommen hat, kann man nicht russisch singen. Dazu braucht man russische Freunde, muss russische Lehrer haben, muss Russen gehört haben, muss womöglich russische Partner haben und aufgenommen werden in die russische Seele – oder in die französische oder die italienische Seele. Und man muss wissen und spüren, warum das Libretto nicht in Deutsch komponiert ist, warum ein Mozart, der ja wirklich Deutsch konnte und österreichisch-deutscher Komponist war, die italienische Sprache gewählt hat für manche Opern. Er hat ja auch deutsche Opern komponiert. »Die Entführung aus dem Serail« hätte er nie auf

Italienisch komponieren können. »Die Zauberflöte« komponierte er ganz selbstverständlich auf Deutsch, aber eine Muttersprache seiner Sehnsucht war das Italienische, wenn er den »Figaro« und den »Giovanni« und »Così fan tutte« komponiert hat, und diese Sehnsucht nach dem Fremden, dieses Identischwerden mit der fremden Seele, die ja aus der Musik entgegen tönt, die muss man bedienen. Dann macht es nicht einmal etwas aus, wenn der eine oder andere Laut nicht ganz korrekt gesungen wird. Korrekt kann man ja sowieso nicht singen. Wenn man auf das Korrekte den größten Wert legt und bei Musik auf das Korrigieren und das Korrekte den Hauptwert legt, dann entsteht nicht das, was man Musik nennt. Das Korrekte muss eine Selbstverständlichkeit sein, aber man darf damit nicht protzen.

Mozart hat zwei Seelen in seiner Brust gehabt. Er war kein Teutscher, kein Weaner oder Salzburger, sondern er hatte Ohren für das Italienische, für das, was italienisch gesungen gehört. Italien war das große Land der Sehnsucht und ist es auch heute noch. Warum fahren wir nach Italien? Warum haben wir eine Sucht nach dem Süden? Warum ist Goethe nach Italien gefahren? Die Extrasystolen schlagen aus der Heimat heraus in ein Land der Sehnsucht. »Kennst du das Land, wo die Zitronen blüh'n … Dahin! Dahin möcht' ich mit dir, o mein Geliebter, zieh'n!«, heisst es in »Mignon«. Es war eine ganz selbstverständliche Sprache. Jede Bezeichnung in der Musik ist italienisch: Sostenuto, Piano, Allegro, Adagio, Presto … Erst spät sind die ersten deutschen Bezeichnungen, fast wie ein Verrat am Italienischen, über die Musikstücke geschrieben worden. Bach hat ja fast keine Angaben gemacht. Sehr sparsam, wenn überhaupt.

♪

Liederabende erfordern eine eigene Darstellungsform. Meine Schwierigkeit bei Liederabenden besteht darin, dass ich Lieder unendlich liebe, aber sie selten, auch von meinen geliebten Sängern, so vorgesungen kriege, wie ich sie mir eigentlich vorgestellt habe. Die meisten versuchen mir ein Gefühl vorzugaukeln, sie leiden zum Beispiel bei der »Winterreise« von Schubert schon beim ersten Lied. Ein zweitklassiges, Christus imitierendes Gesicht mit einer schlecht geschnitzten Leidschnute versucht, mir Mitleid zu entlocken. Dann strömt ein eventuell baritonal gefärbter Leidenston durch eine leidgewohnte Kehle, und mit halb geschlossenen Augen steht ein Frackmonstrum vor mir, was mich immer ein bisschen peinlich berührt. Kriegt er nicht genug bezahlt, weil er so die Trauer hervorkehrt, jammert er, weil ihm der Frack nicht sitzt, stöhnt er deshalb so musikalisch beim Nachspiel und schließt schmerzdurchwühlt die Augen? Und was er mit den Händen macht, ist mir überhaupt ein Rätsel: Mit der rechten erklärt er sein Gefühl, die linke streicht beruhigend über die Luftröhre. Man müsste mit dem Mann reden, er hat ja Stimme, eine schöne Stimme, aber er weiß nicht, worum es dem Schubert gegangen ist.

Die »Winterreise« lebt meiner Ansicht nach von einer Verwunderung, von einem geradezu lächelnden Forschen nach dem Gefühl. Schubert komponierte eine grüblerische Sehnsucht nach dem Leid, oder um das Leid herum, um seltsame Erlebnisse um einen Lindenbaum, von dessen Schatten er geträumt hat. Von einer Krähe, die ihn verfolgt, vom Ausziehen in die Fremde und Wiederheimkommen, wo ein Leierkas-

Liederabend mit Hermann Prey

tenmann barfuß im Schnee steht. Soll er mit ihm gehen? Objektiv gesungen würden mich diese Lieder viel mehr rühren, als wenn sie mit einem Privatgefühl versehen werden. Wo das gelingt, habe ich ein großartiges Erlebnis.

Hermann Prey, dem ich das einmal erzählt habe, hat mir gesagt: »Du müsstest mir in einem Liederabend als Regisseur beistehen.« Ich habe das als ganz großes Kompliment empfunden und hätte es gern gemacht. Hermann Prey war ganz nahe an dem, was ich mir erträumt hatte, und ich war gerührt über seine Sehnsucht nach »Orplid, mein Land! Das ferne leuchtet«, dem von Hugo Wolf vertonten Gedicht von Mörike. Ein Ideal, das ich vor mir hatte.

Leider ist es dazu nicht mehr gekommen.

»Meine« Sänger

In meiner Zeit oder Epoche des Opernregisseurs, es ist fast die längste in meinem Leben, bin ich verschiedenen Sängern, die für mich das Wichtigste in meiner Inszenierung waren, geradezu verfallen. Ich möchte den Versuch machen, ein paar dieser Mitstreiter und meine verfallene Liebe zu ihnen festzuhalten. Im Voraus möchte ich mich bei allen entschuldigen, die ich jetzt nicht anführe, aber alle zu beschreiben würde dieses Buch sprengen. Ich bin mir auch sicher, dass mich ein leiser Vorwurf treffen wird, meine Schilderung hätte etwas Kriminalistisches, aber ganz so mit rechten Dingen geht es ja nicht zu, wenn jemand hochbegabt ist.

Renate Holm, eine Virtuosin der Verlegenheit, eine Beherrscherin des Ungeschicks, eine Stimme, die von sich aus rührt, ohne sentimental zu sein, eine ständige Zweiflerin an ihrem natürlichen Talent, das man ihr attestieren und wie eine Medizin bei jeder Probe einflößen musste. Mit einem Humor, an den sie selber gar nicht so recht glaubte und der in jeder Sekunde ihres Daseins, ihres Auftretens, ungewollt fantastisch wirkte, weil er nicht darauf aus war zu wirken, sondern weil er die Hilflosigkeit des Menschen zum Motor hatte. Ich küsse ihr Herz, wenn ich an ihre Despina in der »Così« denke, die entfernt war von jeder neckischen Turtelei und jeder künstlichen Geziertheit. Sie war mit ihrem großen Zweifel an ihrer Genialität dreimal so wirksam wie alle neckischen Despinen, die ich sonst kannte.

Waldemar Kmentt hatte eine unverwechselbare, jederzeit erkennbare Stimme. Jede Rolle, die er spielte, wurde eine Kmentt-Rolle und hat einem die Freude an anderen Besetzungen verpatzt. Er war ein ausdrucksgieriger Schauspielsänger und mir sehr dankbar, wenn ich seine Ausdrucksüberwut eindämmte. Es entstand dann zum Beispiel bei seinem Hoffmann ein seltsamer, dämonischer, hoffmannesker Möchtegerndichter, wenn er das Lied von Kleinzack gestaltete. Man muss gestalten sagen, denn er war nie einer, der nur gesungen hat, sondern plötzlich, aus dem Bierrausch heraus, seine Geliebte vor sich sah, eine wunderbare Stelle in »Hoffmanns Erzählungen«. Da wurde die Stimme trotz Bierrausch und Grölen – er hat sich nicht geniert, die Stimme auch zum Grölen zu verwenden – plötzlich von einer Schönheit, dass man sie mit den größten Sängern vergleichen konnte. Dieser Kontrast von Sehnsucht und Lebendigkeit und von Verzweiflung, wenn er mit hilflosen Bewegungen etwas auszudrücken versuchte, führte zu einer Rührung, die auch seine ganz großen Kollegen oft nicht fähig waren zu erzeugen. Er war einer meiner Liebsten, weil er bereit war, alle meine Wege und Irrwege mit mir durchzukämpfen und zu durchschreiten. Er war in jedem Urwald mit mir zugleich zu Hause und bereit, mit mir eine Bresche der Wahrheit in den Dschungel des Urwalds der Lüge zu schlagen.

Die letzte Szene mit Sena Jurinac als Laca in »Jenufa«, in der sie sich entschließt, mit ihm eine Liebe einzugehen, gehörte zu den rührendsten Szenen, die mir je gelungen sind. Die Wahnsinnsszene in »The Rake's Progress«, in der das Lied aus ihm geradezu herausquoll und er gar nicht fähig war, sein Gesicht zu verziehen, weil es in ihm und aus ihm sang. Es war wie ein kleines Wunder.

Ich bin auch seinem Humor dankbar, wenn er in der »Fledermaus« wie kein anderer als etwas geiler Gesangslehrer, der die Rosalinde heimlich besucht und vom Frühstück redet, das er mit ihr vorhat, sagt: »Roserl, harte Eier.«

Worauf sie empört sagt: »Alfred!«

Und unvergleichlich seine Antwort: »Roserl, wir werden's brauchen!«

Eine lange Epoche meines Opernlebens war sie, die Gundula Janowitz, meine unverzichtbare Primadonna. Und deshalb eine Primadonna, weil sie nichts Primadonnenhaftes im konventionellen, läppischen Sinne hatte und weil sie die großen Primadonna-Rollen mit einer überirdischen Lieblichkeit gesungen hat, mit einer unvergleichlichen, seltsam jenseitigen Stimme, die ihr nur von einem Kobold oder Engel im dazu zuständigen Himmel geschenkt werden konnte.

Ich habe das Glück gehabt, ihre ganz großen Partien, ihre Lebenspartien könnte man sagen, mit ihr gemeinsam zu kreieren: die Donna Anna in »Don Giovanni«, eine fast unsingbar schwierige, dramatische Rolle, der sie Leidenschaft und Rührung abgewann. Es waren immer Partien, die man von Haus aus ihr nicht zugetraut hatte und in denen sie dann einen überwältigenden Sieg errungen hat.

Fiordiligi in »Così fan tutte« zum Beispiel. Da hatten wir ausgemacht, uns nach einer Arie nicht auf offener Szene zu verbeugen, es hieß ja damals, 1975 in Frankfurt, das dortige

Publikum applaudiere sowieso nicht lange und es gebe ohnedies niemals Szenenapplaus. »Das ist nicht so wie in Wien«, erklärte man, »da seid ihr verwöhnt.« Daraufhin habe ich zu Gundula gesagt: »Gut, wir wollen uns nicht verbeugen, um das Stück nicht zu unterbrechen.«

Ich saß in der Prosceniumsloge – damals habe ich mir noch die Opern angeschaut, die ich inszeniert habe, das ertrage ich heute nicht mehr –, und die Janowitz sang die erste Arie, »Come scoglio«. Sie sang sie nicht nur, sie zerriss sich geradezu. Ihre Koloraturen waren Verzweiflungen und Explosionen aus dem Leben heraus, so wie eine Koloratur bei Mozart immer etwas ausdrückt und nicht nur eine Verzierung der Musik ist, ein Überschwang des Gefühls. Die Arie will, geradezu sich selber einreden, zeigen, dass Fiordiligi »fest wie ein Fels« die Treue hält. Dahinter stand die Janowitz so echt, ja hypochondrisch, komödiantisch und stolz, sodass ein Applaus explodierte. Sie ging ab und in ihre Garderobe, aber der Applaus hörte nicht auf. Minuten vergingen. Schauen Sie einmal auf die Uhr, wie lange eine Minute dauert. Es war eine Empörung im Publikum, dass sie sich nicht verbeugt, und das hat den Applaus noch mehr angeheizt, ausgerechnet in Frankfurt, wo sie angeblich nicht applaudieren. Ich war verzweifelt und ging in die Garderobe: »Gundula, du musst hinaus.«

»Ja, aber warum?« Sie war ganz locker und aufgelöst heiter.

»Die hören nicht auf!«

Wir mussten sie tatsächlich hinausbugsieren, und das immer noch applaudierende Publikum hat einen Schrei losgelassen.

Aber so ging es mir mit ihr auch in »Don Carlo«, wo ihre große Arie erst ganz spät kommt, dramaturgisch eigentlich zu spät, aber eine wunderschöne Arie. Sie kommt erst nach zweieinhalb Stunden »Carlo«, und meistens wird dann noch nett applaudiert, aber nein, diesmal ging ein Sturm los. Und man hat ihr diese Rolle gar nicht zugetraut.

Dann besetzte ich sie in der »Fledermaus« als Rosalinde und sie wurde die Komischste, die Lebendigste in dieser Rolle und hat sie von einer anderen Seite als etwas patscherte, schwächliche Ehefrau dargestellt, die dann aus Übermut eine Ungarin spielt. Sie hat alle diese Schwierigkeiten der Darstellung gemeistert und dann einen verlogenen Csárdás gesungen, mit dem sie den gesamten Chor angesteckt hat. Zur Erklärung: Rosalinde geht verkleidet als ungarische Gräfin auf den Ball, wo sie ihren untreuen Ehemann beschämen will, und als Beweis, dass sie eine Ungarin ist, singt sie dort einen Csárdás, der viel ungarischer ist als alle Csárdásse, die je geschrieben wurden. Ein geniales Stück von Strauß. Und diesen Über-Csárdás hat keine so bedient wie die Janowitz, die große tragische Sängerin, die Elisabetta in »Don Carlo«, die Agathe im »Freischütz«, die Donna Anna in »Don Giovanni«, die Fiordiligi in »Così fan tutte«. Gott sei Dank gibt es davon noch eine Aufzeichnung, denn wir haben die »Fledermaus« auch fürs Fernsehen gemacht, und die kritische Kamera erzeugte noch eine Steigerung ihres Könnens. Die Epoche Janowitz gehört zu meinen großen Glücksepochen.

Apropos Applaus, meine schönste Zeit im Burgtheater war, als es das Vorhangverbot noch gab und man nach Hause gegangen ist, wenn man seine Arbeit getan hat. Ein Auftrittsapplaus macht mich überhaupt nervös. Auftrittsapplaus, was soll das? Ich habe ja noch nichts gemacht. Sie applaudieren meiner Beliebtheit. Das brauche ich nicht. Ich brauche keine Beliebtheit, wenn ich Theater spiele. Ich will in Ruhe gelassen werden.

28 Bayerische Staatsoper München 1974: »Die Fledermaus« von Johann Strauß mit Gundula Janowitz als Rosalinde (Csárdás!), Wolfgang Brendel als Dr. Falke und Brigitte Fassbaender als Prinz Orlofsky

29 Bayerische Staatsoper München 1972: »Der Rosenkavalier« von Richard Strauss mit Lucia Popp als Sophie, Brigitte Fassbaender als Octavian und Karl Ridderbusch

als Baron Ochs im Bühnenbild des zweiten Akts von Jürgen Rose. Im Hintergrund Gudrun Wewezow als Annina und David Thaw als Valzacchi

30 Volksoper Wien 1973: »Die lustige Witwe« von Franz Lehár mit Lucia Popp als Hanna Glawari und Eberhard Waechter als Danilo

Das Publikum soll reagieren, aber nicht bekunden. Die Bekundung geht mir auf die Nerven.

Ich weiß auch nicht, wie man sich verbeugt. Ich kürze auch meinen Applaus immer ab. Bei Lesungen gebe ich nur drei Draufgaben, bei der dritten erkläre ich, dass ich meine Bücher unterschreiben werde und sage oft dazu: »Sie brauchen gar nicht mehr zu applaudieren.« In der Josefstadt haben wir jetzt Gott sei Dank einen eisernen Vorhang, der hochgeht, nachdem wir uns alle verbeugt haben. Mit einer riesigen Rolle in »Schon wieder Sonntag« habe ich einen Solovorhang, und dann ist Schluss. Ich empfange auch nachher in der Garderobe niemanden. Mich haben schon viele nicht mehr erwischt. Wenn sie mir nachher gratulieren wollten, war ich schon zu Hause.

Ich verstehe Gundula Janowitz, die das ebenso sieht und keinen Rausch beim Applaus empfindet. Aber nach einer Arie, wenn man sie schön singt, ist halt Applaus – gerade bei der Janowitz. In Frankfurt war das wirklich eine Sensation. Das hatte es in dem Haus noch nie gegeben. In Wien gibt es ja manchmal so einen Berufsapplaus. Die Wiener applaudieren so lange, bis keine Ruhe mehr ist. Der kommt dann aus einer bestimmten Ecke. Das sind aber keineswegs bezahlte Leute, das sind die wilden Anhänger, die Berufsanhänger. Die Clique, nicht die Claque. Die Claque sind die Bezahlten, und die Clique sind die Fans.

Karl Ridderbusch hatte das, was man eigentlich nur mit dem Wort »Menschenstimme« bezeichnen kann. Sein Singen war vollkommen frei von irgendwelchen technischen Schwierigkeiten. In allen Lagen hat dieser wunderbare Bass so gesungen, dass man Gesang als natürlichen Ausdruck empfand und nicht als wunderliche Waffe. Er war unfähig, unnatürlich zu sein, und deshalb bin ich ihm so restlos verfallen und habe ihn mit dem Karl Böhm zusammen – und Böhm sogar ein bisschen überredend – als Hans Sachs in den »Meistersingern« besetzt, den er schon unter Karajan, ich glaube sogar in Bayreuth, gesungen hatte. Er war mit dieser Auffassung der Rolle selber nicht zufrieden, als er zu mir kam, und wir haben zum Beispiel an dem ersten großen Monolog intensiv gearbeitet. »Fliedermonolog« heißt er, obwohl es damals noch keinen Flieder gab, sondern es war Wacholder, den man Flieder genannt hat, aber »Wacholder« kann man schlecht singen, so singt der Sachs halt während seiner Arbeit den Fliedermonolog.

Ich habe dazu einen entzückenden Schuster zu den Proben gebeten, der vorher noch nie in der Oper war, und mit dem Requisiteur zusammen hat der Schuster den Tisch des Sachs bestellt. Die Werkzeuge hat er selber mitgebracht und der Oper geschenkt. Uralte Instrumente, die er nicht mehr gebrauchen konnte, aber die genauso aussahen wie mittelalterliche Werkzeuge, und dann hat er mit dem Ridderbusch, der gleich gierig darauf eingestiegen ist – er war ja ein Urkomödiant – zusammen »Schuhmachen« geübt: das Abschneiden der Sohle, das Bohren der Stiftellöcher, das Einfügen und das Hineinschlagen der Holzstifteln, das Abfeilen. Für das Ziehen des Drahtes durch eine alte ranzige Wachsscheibe hat der Schuster aus seinem Schatzkistlein eine herausgezogen und uns noch ein paar Reservescheiben dazugegeben. So konnte ich diesen Monolog, bei dem der Sachs einerseits schreiben und dichten will und ihm andererseits das Lied einfällt, das er an diesem Tag in der Singschule vom Stolzing gehört hat, ganz authentisch inszenieren. Ein geniales Lied, das alle verachtet haben, das aber der

Sachs richtig einschätzen konnte. Dieses Lied verpatzt dem talentierten Dichter, dem Schuhmacher und Poeten, das eigene Dichten, weil er es nicht so kann, wie Stolzing es konnte:

»Dem Vogel, der heut sang, dem war der Schnabel hold gewachsen;
macht' er den Meistern bang, gar wohl gefiel er doch Hans Sachsen.«

Daher muss Sachs wieder Schuhe machen, dafür war der Schuster zuständig und hat so wie ich Regie geführt. Einerseits der Schuster, andererseits der, der ihm sagt, wie er dann doch dichten will, sich den Schweiß von der Stirn streicht, sich die Hände abwischt vom Schustern, wie er die Feder in die Hand nimmt, sie wieder fallen lässt und weiter schustern will:

»Soll mir die Arbeit nicht schmecken, gäbst, Freund, lieber mich frei:
tät' besser, das Leder zu strecken, und ließ alle Poeterei!«

Dann klopft er wieder, aber der Hammer fällt ihm aus der Hand:

»Und doch, 's will halt nicht gehn: Ich fühl's – und kann's nicht verstehn;
kann's nicht behalten, doch auch nicht vergessen; und fass' ich es ganz,
– kann ich's nicht messen!«

Ridderbusch war ein verrückter Sammler von Nazireliken und da hat man ihn fälschlicherweise zu einem Nazi-Sympathisanten erklärt. Er war aber mehr ein Stöberer und wollte wissen, wieso dieser Wahnsinn ausgebrochen ist. Er war politisch gar nicht auf der falschen Seite, er kam zu mir und sagte über den Schluss der »Meistersinger«, wenn der Hans Sachs die deutschen Meister so hoch preist: »Otto, da wurde ich in etwas hineingetrieben, was mir nicht gefällt. Ich möchte das nicht so teutsch und teutschtümelnd spielen. Vielleicht findest du einen Weg.«

Sag ich: »Du, ich bin schon auf dem Weg.«
Sachs sagt zu Stolzing:

»Verachtet mir die Meister nicht,
und ehrt mir ihre Kunst!
Was ihnen hoch zum Lobe spricht,
fiel reichlich Euch zur Gunst!
Nicht Euren Ahnen, noch so wert,
nicht Euren Wappen, Speer noch Schwert,
dass Ihr ein Dichter seid,
ein Meister Euch gefreit,
dem dankt Ihr heut' Eu'r höchstes Glück.
Drum, denkt mit Dank Ihr d'ran zurück,
wie kann die Kunst wohl unwert sein,
die solche Preise schließet ein?
Dass uns're Meister sie gepflegt,
grad' recht nach ihrer Art,
nach ihrem Sinne treu gehegt,
das hat sie echt bewahrt.
Blieb sie nicht adlig, wie zur Zeit,
wo Höf' und Fürsten sie geweiht,
im Drang der schlimmen Jahr'

blieb sie doch deutsch und wahr;
und wär' sie anders nicht geglückt,
als wie, wo alles drängt, und drückt?
Ihr seht, wie hoch sie blieb in Ehr'!
Was wollt Ihr von den Meistern mehr?
Habt acht! Uns dräuen üble Streich'!
Zerfällt erst deutsches Volk und Reich,
in falscher welscher Majestät
kein Fürst bald mehr sein Volk versteht;
und welschen Dunst mit welschem Tand
sie pflanzen uns in deutsches Land.
Was deutsch und echt, wüsst' keiner mehr,
lebt's nicht in deutscher Meister Ehr'.
Drum sag' ich Euch:
Ehrt Eure deutschen Meister,
dann bannt Ihr gute Geister!
Und gebt Ihr ihrem Wirken Gunst,
zerging' in Dunst
das Heil'ge Röm'sche Reich,
uns bliebe gleich
die heil'ge deutsche Kunst!«

Dagegen kann man nichts sagen.

»Drum sag' ich Euch: Ehrt Eure deutschen Meister!« Die deutschen Meister waren diejenigen, die Deutschland nach dem Krieg wieder hoffähig, gesellschaftsfähig gemacht haben, »nicht Euren Wappen, Speer noch Schwert, dass Ihr ein Dichter seid, ein Meister Euch gefreit, dem dankt Ihr heut' Eu'r höchstes Glück«. Und dass man ihm das fast als Entschuldigung abnimmt, das hat der Ridderbusch meisterhaft gespielt.

Er machte mit seiner Menschenstimme Hans Sachs zu einer prachtvollen, ich will nicht sagen: Sprechrolle, aber das Parlando ist eine der wichtigsten Farben dieser Partie. Sie lebt davon, dass man versteht, was er singt, weil die Worte so schön sind. Ridderbusch blieb der geniale Schuster. Er hat nicht den Goetheschen Umhang angelegt und wurde der große Poet Hans Sachs, sondern er war der kleine, beliebte Volksdichter, der Schuster. Er hat auch in den Schusterliedern wunderbare Schuhe gemacht – und hat in der Rolle eine Brille getragen.

Ich hatte gesagt: »Du, nimm meine Brille!«

Er: »Otto! Sachs mit Brille?«

»Ja, schau, du willst ja keinen alten Mann spielen, aber die Brille zeigt, dass du nicht mehr ganz jung bist. Da brauchst du gar nichts zu spielen.«

»Aber die Brille, die stört doch.«

Da sag ich: »Pass auf, Ridderbusch, wir machen einen Pakt. Wir probieren heute mit Brille. Ich verspreche dir, du brauchst sie nicht zu tragen, aber für mich, ich bin ein schrulliger Idiot, ich möchte einmal sehen, wie die Brille funktioniert. Dann geben wir sie weg, und selbstverständlich spielst du ohne Brille. Ich zwinge dich nicht dazu.«

»Also gut.«

Ich habe ihm gezeigt, dass er die Brille aufsetzt, wenn er arbeitet, und wenn er gerührt ist, die Brille wieder abnimmt. Wenn er mit Eva spricht, in die er ja verliebt ist, hat er sie abgesetzt und schelmisch über die Brille hinweg geschaut. Später bei der Arbeit hat er sie aufgesetzt und wieder weggelegt. Das hat er wunderbar bedient und dazu wunderschön gesungen. Das Singen war für ihn überhaupt kein Problem. Die Stimme war immer dort, wo sie sein sollte. Das war das Wunder an ihm. Er war, wenn er sang, noch natürlicher, als wenn er sprach. Bei großen Sängern begibt sich einfach nichts Unnatürliches, wenn sie zu singen anfangen.

Am nächsten Tag Probe derselben Szene: Ich hatte die Brille eingesteckt. Er fängt an und greift sich immer an die Augen.

Sag ich: »Was hast du?«

»Ach, nichts.«

Dann hat er das Schusterwerkzeug genommen, sich wieder an die Augen gegriffen, konnte nicht weiter und wurde ganz nervös.

»Was mach ich jetzt?«, fragt er.

»Ja, mach, was du willst.«

»Ja, aber ich muss doch was tun!« Und dann: »Otto, ich habe nur eine Bitte, gib mir die Brille!«

Von da an ist er zu allen Gastspielen, wenn er den Sachs gesungen hat, mit meiner Brille in der Tasche gegangen und hat gesagt: »Passen Sie auf, was immer Ihre Auffassung ist, lieber Freund, ich spiele den Sachs mit Brille.«

Anja Silja wurde mir von Wieland Wagner geradezu als Präsent überreicht. Sie hatte bisher mit keinem anderen Regisseur so intensiv gearbeitet wie mit ihm, und Wieland selber fand, sie solle mit dem Schenk arbeiten. Er hatte ein Gegentalent zu meinem. Ich habe ihn sehr verehrt für ein Talent, das ich nicht hatte, und er hat anscheinend auch irgendwas an mir gespürt, was er vielleicht nicht bedienen wollte, und fand, dass es Zeit ist, dass seine Silja, sie war ja sein Geschöpf, einmal eine andere Luft schnuppern sollte. Das war 1966 in »Hoffmanns Erzählungen«. Sie sang alle drei Partien, was ja eigentlich der Sinn dieses Stückes sein soll.

Ich habe ihr Vertrauen gewonnen, weil ich ihren Sinn für Humor getroffen habe und sie, wie man so sagt, ein »Kren« auf meinen Humor wurde. Und über dieses Vehikel haben wir gearbeitet. Das Wunder an diesem Urtalent mit einer lebendigen, einmaligen Stimme war, dass sie sich in jede Figur mit einer Automatik verwandelte, die geradezu erschreckend war. Sie war sofort die bösartige Puppe und sofort mechanisch. Ihr Tanz war geradezu ein Totentanz. Sie hat meinen wunderbaren Kmentt in einen Tanz hineingerissen, dass man um sein Leben gezittert hat. Sie war ein Automat von Hoffmannschem Erschrecken, und die Stimme dazu klang so mörderisch lebendig und echt, dass der Akt ein phänomenaler Erfolg für sie wurde.

Wir spielten die Fassung, in der sie im zweiten Akt die Kurtisane Giulietta ist. Ohne dass man ihr eine Anweisung geben musste, war sie sofort verführerisch und ihre unbeschreiblich endlos langen Beine setzte sie mit einer Schönheit ein, die nur noch von ihrer Stimme überstrahlt wurden. All das mit einem Schuss Humor, mit einem Schuss Offenbach'schen Dazutuns, einer glaubwürdigen Übersteigerung, und als sie im letzten Akt die sterbende, leidenschaftlich singende Antonia spielte, war ihre Stimme vom Schleier des Todes umwoben und sie von einem Verfall gezeichnet, der aufleuchtete, bis sie zugrunde ging. Die Premiere war eine Sternstunde, aber auch der Abend des Tages, an dem Wieland gestorben war und meine Frau sie noch zu ihm zur Verabschiedung hingeführt hatte.

Ich habe mit Anja dann noch »Macbeth« in München gemacht. Sie war eine faszinierende Lady, blond und trotzdem dämonisch, ohne dass irgendein äußerliches Getue dazu notwendig war. Sie konnte in allen Lagen, liegend, sitzend, verkehrt, singen. Sie war immer bei Stimme, Gesang mit dem Kapital, nie mit einer verstellten Stimme. Man prophezeite ihr ein kurzes Gesangsleben, aber sie singt noch heute, ich sage nicht, in welchem Alter. Ein aufregender Mensch.

Ich habe mit ihr in Frankfurt »La Traviata« gemacht. Die Violetta war angeblich nicht ihre Rolle. Aber ich bin ihr bei der Arbeit verfallen und habe ihre Violetta mit ihrem Lieben, Leiden und Sterben geliebt.

Ihr phänomenales Talent reagierte auf die kleinste Anweisung, sie war süchtig nach Humor, und ich war verpflichtet, ihre Proben nicht nur effizient, sondern auch humoristisch zu gestalten.

Besonders begeistert war ich von ihrer Fähigkeit, die ihrem absoluten Gehör adäquat war, in jedem Kostüm, in jeder Geste, jeder Färbung ihrer unverwechselbaren Stimme den jeweiligen Stil einer Rolle bis in jeden Finger und bis in die Zehenspitzen geradezu automatisch zu erspüren. Wenn sie plötzlich lungenkrank in »Traviata« zusammenbrach oder wenn sie in der »Lustigen Witwe« als Hanna Glawari einen Apfel wütend anbiss und ihn dann ihrem Danilo krachend nachschmiss; wenn sie als Luise in Gottfried von Einems »Kabale und Liebe« ein tragisches junges Mädchen glaubhaft nachempfand, all das geschah mit einer seelischen Automatik, die sofort reagierte, spontan und ohne Diskussion über Talent und nicht über Überlegung.

Wir waren Jugendgenossen: Eberhard Waechter und ich. Das erste Mal habe ich ihn singen gehört in der Ruine der Wiener Staatsoper, leicht angetrunken, hineinkletternd in die Trümmer, verbotenerweise natürlich, auf eine Feuerleiter steigend und im leeren Haus »Holde Aida« singend. Damals wollte er noch Heldentenor werden. Es war für mich ein unvergessliches Erlebnis und ich wusste, der wird ein großer Sänger. Wir waren achtzehn, beide noch vor der Matura. Dann haben wir uns aus den Augen verloren und uns immer nur sporadisch bei Tanzabenden und ähnlichen Veranstaltungen gesehen. Meine Freunde waren die Marenzis, Cousins von ihm, in deren Gesellschaft wir uns öfter getroffen und miteinander geblödelt haben. Ich habe das Reinhardt-Seminar beendet, er irgendwelche Schulen, ich weiß nicht welche. Ich glaube, bei der Lehrerin Elisabeth Radó hat er Gesang studiert. Irgendwann, kann ich mich erinnern, habe ich ihn unter Ponnelles wunderbarer Regie des »Bajazzo« als Silvio wieder erlebt und ihm meine Verehrung vorgestottert. Er war auch so eine Art Kren auf meine blöden Witze.

Dann kam es zu »Dantons Tod«. Da habe ich entdeckt, was für eine schwelende Leidenschaft, verborgene Kraft und dramatische Sehnsucht in seiner Seele steckte. Bei jedem Satz, den er sang, wollte er immer nur wissen: Was soll ich tun? Was kann ich machen? Was tue ich da? Da konnte man ihm alles abverlangen. Über Gefühle wollte er nicht sprechen. Er war sehr, ja geradezu protzend schüchtern und verschlossen, aber, wenn es aufbrach in ihm, dann war es unnachahmlich. Man musste in der Arbeit mit ihm immer die Bestie Gefühl umkreisen, man durfte sie nicht reizen, sondern musste sie umkreisen, sodass sie dann von selber losschlug. Ich habe ihm die Reaktionen der anderen dann so gelegt, dass er immer eine Wirkung empfinden konnte, wenn er als Danton etwas sagte. Er wuchs in diesen Danton hinein und seine Ansprache war eine Ansprache der Verzweiflung. Ich habe ihn gebeten, sich am Podium anzuhalten und ihn mit einem Löwen verglichen. Das hat ihm gefallen und ihn so gesteigert, dass er diese Rolle, die vielleicht über sein Fach hinausging, so erschütternd gespielt hat. Man kann das heute noch in der alten Aufzeichnung nachprüfen. Das ist nicht nur hingesagt aus Freundschaft.

Dagegen der Eisenstein in der »Fledermaus«, der hypochondrische, eitle Bürger, der sich ums Verrecken noch einmal unterhalten will, noch einmal ein verfluchter Kerl sein, wie Nestroy sagt! Das ist der Eisenstein, und alle Lügen und alle Schwierigkeiten, die er mit der Polizei hatte, wienerische Schwierigkeiten, hat Waechter mit einer Komödiantik bedient und mit einer Leidenschaft, die den Carlos Kleiber angesteckt hat. Kleiber wollte den fast schon ausgesungenen Waechter unbedingt als Eisenstein haben und hat gesagt, es wäre ihm völlig egal, wie der singt. Es war ja auch nicht der Gesang, der Eisenstein ist eigentlich keine Gesangspartie. Eisenstein ist eine Komödiantenpartie, in der man singen können muss, und das konnte er ja. Aber wie er das gesungen und gespielt hat, auch das ist überprüfbar in einer Aufnahme: Er blieb immer der kleine Gauner.

Er wollte dauernd beschäftigt sein und war dann der Diszipliniertste, war auch immer pünktlich, aber er war furchtbar schlampig, wenn man sich nicht mit ihm befasst hat. Wenn man zum Beispiel mit dem Chor gearbeitet hat, war er eifersüchtig auf diese Beschäftigung. Er wollte alle verräterischen Details kennenlernen und spielen, die das verraten, was man spürt. Das Gespür selbst war ihm nicht so von Haus aus abzuverlangen. Man musste ihn reizen, und wenn man ihn gereizt hat durch Blödelei, durch das richtige Verlangen, ist er aufgeblüht und hat auch Partner bedingungslos gelten lassen. Er hat es geliebt, wenn einer gut war neben ihm. Ich habe mit ihm als Frosch gespielt, da war er ein hinreißender Partner.

Seine Karriere war ihm wurscht. Er hat eigentlich eine Weltkarriere geschwänzt, weil er lieber in Wien geblieben ist. Sein Tod war einer der größten Dolchstöße in meinem Leben. Plötzlich war einer weggerissen, mit dem ich alt werden wollte. Das hatten wir auch vor miteinander. Dass einer mit diesem Humor, mit dieser Lebendigkeit, mit dieser wunderbaren Stimme nicht mehr da ist!

Ich nenne solche Stimmen die Direttissima vom Zwerchfell zum Herzen und vom Herzen zum Hirn und in die Stimmbänder. Das ist eine Einheit. Das ist bei großen Sängerschauspielern eine einzige Einheit. Da weiß man nicht, singen die Mandeln? Singt der Kopf? Singt das Auge? Singt das Hirn? Singt das Herz oder der Bauch? Es singt einfach alles. Und es singt die Wahrheit.

Kaum ein Wort Deutsch konnte sie. Erster Knabe in der »Zauberflöte« in Salzburg bei den Festspielen 1963: Lucia Popp. Ein blondes Wesen aus einer anderen Welt, wirklich einer anderen Welt. Eine Stimme wie ein Engel, eine noch nie gehörte Stimme, sofort erkennbar. Soprane ähneln sich so leicht. Soprane sind wie Instrumente, glaubt man und es ist oft der Fall. Und sie singen auch manchmal wie Instrumente, singen gar nicht mit ihrer Stimme, sondern singen mit einem erlernten Instrument. Die Popp hat gesungen wie die Popp und wie die Popp hat niemand sonst gesungen. Dann bemerkte man, dass dieses Wesen, bei dem sich nur die linke Zehe ein bisschen rührte, wenn sie diesen Knaben gesungen hat, eigentlich ein kleiner Kobold war.

31 Wiener Staatsoper 1975: »Così fan tutte« von Wolfgang Amadeus Mozart mit Gundula Janowitz als Fiordiligi und Brigitte Fassbaender als Dorabella im Bühnenbild von Jürgen Rose

32 Bayerische Staatsoper München 1975: »La Traviata« von Giuseppe Verdi mit Ileana Cotrubas als Violetta und Wolfgang Brendel als Giorgio Germont im Bühnenbild des zweiten Aktes von Jürgen Rose

33 Royal Opera House Covent Garden London 1975: »Un ballo in maschera« von Giuseppe Verdi mit (v.l.n.r.) Piero Cappuccilli als Renato, Plácido Domingo als Riccardo und Reri Grist als Oscar

Sie war ein hochgescheiter Mensch, der sehr bald die Sprache so erlernte und den Wiener Dialekt so meisterhaft beherrschte, dass sie wunderbar die Sophie im »Rosenkavalier« darstellte. Ich werde ihr Geschimpfe im zweiten Akt nie vergessen und dazu bei der Rosenüberreichung diese himmlischen überirdischen Töne, die eigentlich dem Himmel gewidmet sind und auf dieser Erde gar nichts mehr verloren haben. Und dazu jederzeit bis zu Tränen gerührt, eingestiegen in ihre Rollen als Verkaufte Braut, als Lustige Witwe. Das ist kein Wesen, das sterben durfte. Dieser Tod war eine große Gemeinheit der Welt. Sie war so bezaubernd und konnte so bezaubern. Sie hatte so viel Humor und so viel Gefühl, und diese wunderbare Popp-Stimme klingt einem nach, wenn man an sie denkt.

Mit Brigitte Fassbaender den Rosenkavalier zu proben, war fast ein Pleonasmus, könnte man sagen. Sie war der Rosenkavalier von Haus aus. Wie sie auf die Welt kam, hätten eigentlich die Himmelszeitungen schreiben müssen: Heute ist der Rosenkavalier auf die Welt gekommen. Er heißt Brigitte Fassbaender.

Es war mit ihr so eine Freude, aus dem Vollen zu arbeiten. Den schlimmen Buben noch herauszuarbeiten, den sie so wunderbar verkörpert hat. Es gab keinen schlimmeren, keinen lustigeren Octavian als sie. Sie hat bei der Rosenüberreichung dieses leichte Stottern zustande gebracht, dieses geniale Strauss'sche Stottern bei dem Satz: »Mir ist die Ehre widerfahren, dass ich der hoch- und wohlgeborenen Jungfer Braut, in meines Herrn Vetters Namen, dessen zu Lerchenau Namen, die Rose seiner Liebe überreichen darf.«

Das ist das würdigste Stottern, das je auf einer Bühne komponiert wurde und zur seltsamen Überreichung einer seltsamen Liebe wird, die dann tatsächlich auch ausbricht. Es ist die Knospe der großen Liebe. Alles das konnte sie so vermitteln, weil sie eine göttliche Stimme hatte und weil sie auch ein göttliches Hirn hatte. Das ist wahrscheinlich erblich. Ihr Vater, Willi Domgraf-Fassbaender, war ja schon einer der gescheitesten Sänger. Ihre Gescheitheit konnte man dann in »Così fan tutte« so großartig verwenden und auch später im »Rosenkavalier« oder in der »Fledermaus«, als sie ein bösartiger, leicht vertrottelter russischer Prinz Orlofsky war.

Eine wunderbare Partnerin war sie für Gundula Janowitz als Fiordiligi und Dorabella, die immer zusammen waren, unzertrennlich. Ich nannte sie dann Edi Polz und Rudi Springer. Warum, weiß ich nicht. (Da gab es irgendwelche Gymnastikbälle von Edi Polz und Rudi Springer.) Das ging so weit, dass dann auch durchs ganze Haus die Rufanlage dröhnte: »Edi Polz und Rudi Springer bitte auf die Bühne.« Eine wunderbare Marie war sie in meinem »Wozzeck«. Jederzeit bereit zu weinen und zu lachen.

Ich bin noch in einer Zeit aufgewachsen, in der man mit viel Fantasie die Darstellerin optisch korrigieren musste, damit sie dem Idealbild der Rolle ähnlich sähe. Es gab keine 16-jährige Butterfly, sie sagt sogar, sie sei fünfzehn, es gab sehr wenige, die annähernd so aussahen. Die ersten Vögel, Paradiesvögel, die dann erschienen und so aussahen wie ihre Rollen, waren wie Wunderwerke und ein Erlebnis. Irmgard Seefried und Sena Jurinac zum Beispiel. Die Jurinac war wirklich wie ein Bub, wenn sie den Octavian spielte.

»Otello« 1965 in Stuttgart:
Generalintendant Walter Erich Schäfer
und Generalmusikdirektor Ferdinand
Leitner

1965 wurde ich eingeladen, in Stuttgart »Otello« in deutscher Sprache zu inszenieren. Dort gab es den Generalmusikdirektor Ferdinand Leitner und den wunderbaren, weisen Theaterdirektor Walter Erich Schäfer. Schäfer stand über allen Dingen. Man konnte ihm nicht böse sein, man konnte ihm nicht widersprechen oder ihn anschreien. Das wäre undenkbar gewesen. Er hatte, ohne irgendetwas dazuzutun, das, was man selbstverständliche, göttliche Autorität nennt. Er sah auch ein bisschen aus wie ein älterer Bruder von Goethe.

Wir besprachen die Besetzung des »Otello«. Wolfgang Windgassen war Otello, Gustav Neidlinger Jago und so weiter, nur die Desdemona war noch zu besetzen. Da sagte der Leitner: »Wir haben für die Partie zwei, drei Damen im Haus. Die eine ist die Sowieso, die ist vielleicht stimmlich nicht ganz dafür, aber persönlichkeitsmäßig großartig und wird das sicher sehr schön singen. Dann haben wir eine Zweite, die ist vielleicht optisch nicht ganz richtig, hat aber eine fabelhafte Stimme. Da sitzt jeder Ton. Und dann haben wir eine Dritte, die ist die Verlässlichste. Die wird alles bedienen, was Sie wollen. Da werden Sie große Freude bei der Arbeit haben. Wen würden Sie sich als Desdemona wünschen?«

Hat der Schäfer gesagt: »Die Jurinac.«

»Die haben wir doch nicht.«

Sagt er: »Die kriegen wir vielleicht. Das ist die Beste, die es zurzeit gibt auf der Welt. Warum sollen wir die nicht nehmen?«

»Ja, aber die kostet doch.«

»Naja, die Beste der Welt kostet halt was.«

Dann kam die Jurinac, ganz bescheiden. Die deutsche Übersetzung des »Otello« von Max Kalbeck ist ein bisschen schnodderig, nicht ganz richtig. Die Jurinac und ich haben uns zusammengesetzt und haben tatsächlich fast eine neue Übersetzung gemacht, auf die wir sehr stolz waren. Wir saßen zusammen und haben uns richtig angefreundet während der nicht ganz leichten Arbeit und als wir dann auf die Bühne kamen, waren wir fast wie Bruder und Schwester, waren richtige Kumpel. Sie hat auch meine Frau sehr gern gehabt.

Wir waren damals in Stuttgart, und man ist ja als Wiener im deutschen Ausland immer auf Inseln, auf Atolle aus. Man muss die Atolle finden, wo man sich zu Hause fühlt. Dann fühlt man sich sehr zu Hause. Es gibt ein Eck in einem Hotel oder es gibt ein Eck in einem Gasthaus oder es gibt ein Hotelzimmer, wo man sich trifft, dort ist man dann so zu Hause wie in Wien.

Stuttgart ist eine Stadt, in der man immer einen schönen Blick auf Stuttgart findet, nur hinein darf man nicht gehen. Aber wenn man oben ist, sieht man unten sehr hübsch Stuttgart liegen. Das ist so Berg und Tal, heute nicht mehr begehbar für mich – wie auch Venedig schon nicht mehr für mich begehbar ist. Das tut mir bei Stuttgart nicht so leid wie bei Venedig.

Aber in Stuttgart haben wir uns angefreundet. Die Jurinac hatte wirklich diese direkte Verbindung vom Herzen zum Singen, eine selbstverständliche Verbindung. Wenn sie gesungen hat, war das Gefühl da. Sie konnte alles, was ich verlangt habe, so fühlen, wie ich wollte, auch so kompliziert wie ich.

Ich bin ja ein Tüftler im Gefühl, habe nicht gerne direkte Gefühle, hausgemachte, fertig gekaufte Marmeladengefühle. Ich habe auch die Sängergefühle nicht gern, ebenso wenig die internationalen Gefühle. Die Italiener singen so. Alle Italiener haben plötzlich ein italienisches Gefühl. Das kann ich nicht leiden. Oder das russische Gefühl der russischen Sänger, wenn ihnen die Wolga aus dem Mund sprudelt, das habe ich auch nicht gerne. Die großen Russen haben das nicht und die großen Italiener auch nicht. Die singen das ganz anders. Und die Jurinac hat Deutsch so gesungen, wie ich in meiner Jugend den deutschen Belcanto im Ohr hatte. Es ist schade, dass diese Art zu singen verloren gegangen ist und das Singen globalisiert wurde. Der russische Sänger singt in Toronto Wagner deutsch und italienisch den Rigoletto.

Die Jurinac konnte das so singen, wie sie es meint. Und so war »Otello« eine beglückende Arbeit und ein Riesenerfolg für sie und den Windgassen. Er war ein Erlebnis, weil man ihm den Otello nicht zugetraut hatte. Er hat ihn mit Leidenschaft

Max Lorenz als Otello

gespielt, hat sich richtig auf die Erde geschmissen, und man hat geglaubt, er krepiert vor Zorn oder Leid. Dieses »Gott, hättest du auf mich gehäuft alles Elend« hat er fast geröchelt. Es war ein Erlebnis, dass dieser wagnerstatische Sänger so plötzlich ein neues Land erobern wollte.

Verdi hat die Partie des Otello eigentlich einem deutschen Tenor in den Mund gelegt. Wir sind ja mit deutschen Tenören aufgewachsen oder mit nordischen. Jon Vickers war ein Otello. Max Lorenz war ein Otello. Torsten Ralf war ein Otello. Die Rolle war in nordischen Händen.

Ich hatte Sena Jurinac, wie schon erwähnt, auch als Jenůfa. Das war 1965 meine erste Regie an der Wiener Staatsoper. Da war sie unbeschreiblich. Sie konnte einfach mit zwei, drei Tönen rühren. Ich hatte immer das Gefühl, ich höre ihre Augen singen. Ein Prachtmensch. Auch im Leben von einer großen Selbstverständlichkeit.

Die Begegnung mit Bernd Weikl war für mich die mit dem unnachahmlichen Könner, eine Eitelkeit darzustellen. Dabei ist er gar kein sehr eitler Mensch, er ist ein ganz bescheidener Kumpel. Aber er konnte im »Liebestrank« von Donizetti den Belcore mit einer komischen Selbstverständlichkeit spielen, ihn schon im Hereinschreiten – dieses Hereinschreiten ist komponiert –, charakterisieren und dann eine Pseudoschönheit des Singens loslassen, dass man atemlos zugeschaut hat und bewundernd lachen musste. Er hat sich nur mit seiner wunderschönen Stimme zur Verfügung gestellt in einem Fach, das er so nebenbei bediente. Er war ja der große Bariton und hat mir die Lust auf alle Belcores der Welt verpatzt. Ich habe das schon einmal so formuliert in einem anderen Zusammenhang. Marcel Prawy hat gesagt: »Eine Rolle so gut zu spielen, ist gefährlich, weil man dann mit der Rolle identifiziert wird.« Das war aber hier nicht der Fall, denn ich habe ihn mit großer Freude als Wolfram im »Tannhäuser« gehabt und er hat das »Lied an den Abendstern« gesungen, dass man geglaubt hat, es ist das Gastspiel eines Schubertsängers. Es ist ja auch ein Schubertähnliches Lied.

Bernd Weikl war mein Begleiter für eine lange Zeit und ich habe ihn mit Freuden auch in »Elektra« besetzt, er war da ein unvergleichlicher Orest. Ich wollte immer mit ihm den Falstaff machen, weil ich an seinen Humor geglaubt habe. Es ist traurig, dass diese »ernsthaften« Sänger oft nicht diese zweite, die komische Linie in sich bedienen dürfen, weil sie einfach nicht besetzt werden. Mein Direktor an der Deutschen Oper am Rhein, Grischa Barfuß, ein guter Freund von mir, war dagegen. Er wollte ihn nicht als Falstaff haben und war nicht dazu zu bewegen. Auch Weikl war nicht so darauf aus. Ich hätte geglaubt an seinen Falstaff. Es kam nicht zustande.

Weikl war dann einmal mein Eisenstein, ein großartiger Eisenstein, auch deshalb großartig, weil er zwei Ballettmädchen zugleich wie zwei Babys unter donnerndem Applaus über die Bühne getragen hat. Er war zu jedem Spaß bereit und er war selbstverständlich komisch. Ich liebe ihn ganz heiß. Ein großartiger Sänger und ein großartiger Komödiant, aber wie gesagt, die unnachahmliche Sternstunde war der Belcore. Ich danke ihm heute noch dafür.

Die großen »Romerzählungen« kommen eigentlich von den Tannhäusern, die schon über ihre volle Kraft hinweg sind. Im letzten Akt mit diesem endlos langen Bericht noch packen können, das vermag nur Wagner, weil die Reise dramatisch geschildert wird, von einem gebrochenen Menschen erzählt, der auch eine leicht gebrochene Stimme haben darf. Sie soll kein Scherben sein, aber eine Stimme mit einem leichten Bruch, einem Faden. Man sagt, dass der große, von Wagner hochgeschätzte Sänger Hermann Winkelmann so einen Faden über der Stimme hatte. Ich konnte den alten Max Lorenz noch als Tannhäuser erleben. Da musste man schon Verschiedenes verzeihen, aber die Romerzählung war erschütternd, weil sie von einem verzweifelten Endzeitmenschen geschildert wurde.

♪

Wenn man so charakterlos der Kunst gegenüber steht wie wir alle, die wir von ihr leben, weht einen der Wind in verschiedene Richtungen an. Ich bin dem »Danton« von Gottfried von Einem verfallen und seiner »Alten Dame«. Da gab es die großen Begegnungen mit Christa Ludwig, die mit Eberhard Waechter das alte Paar gespielt hat, sie diese verkrüppelte Frau, die sich rächen will. Die beiden hatten eine Szene, in der er als alter, vergangener Mann sentimental wird und an die Jugend denkt, und sie, die auf einmal mädchenhafte Töne von sich gibt. Da war eine besondere Magie, die von den beiden ausging, weil es keine alten Leute waren, die das gespielt haben, sondern sie als junge Menschen durchgeschimmert haben. Man hat die Vergangenheit herausgespürt. Wenn das von einer Uralten gespielt wird, als alte Hexe, und er ein gestandener alter Mann ist, hat das nicht diesen Reiz. Die beiden großen Sängerdarsteller haben wunderbar die alten Züge bedient, aber das junge Liebespaar wurde plötzlich erahnbar.

Christa Ludwig war auch, meiner Ansicht nach, eine großartige Carmen, obwohl sie keine übliche Carmen war. Sie war ein gestandenes Madl, das bloßfüßig daherkommt und keine Berufserotik und keine fächerzitternde Erotik vorführt, sondern bei ihr war die Erotik so selbstverständlich wie Essen und Trinken. Ihre Carmen hat auch nicht verstanden, dass man nicht sofort zum Räuber wird, wenn die Liebe drängt, sondern aus Pflichtgefühl zum Militärappell muss: Da nehme ich lieber den Stierkämpfer, als dass ich den José nehme, da nutzt ihm die ganze Blumenarie nicht und auch nicht, dass er meinetwegen im Kerker gesessen ist. Das war bei ihr so, wie du und ich empfinden. Sie war keine Berufs-Carmen. Wir haben das wunderbar miteinander verstanden, und James King war ein großartiger Partner, der das mitgemacht hat.

Bizet zeigt in der »Carmen« ganz verschiedene Talente: Da gibt es ein lustiges Sextett, das Torerolied, Duette voller Leidenschaft und eine Arie, die eigentlich gar keine Arie ist, sondern sich aus der Szene ergibt und in der José erzählt, wie er sie im Kerker verflucht hat. Als ob es Bizet selber erlebt hätte, hat man das Gefühl.

Die Oper war auch die Ursache für die große Untreue Nietzsches Wagner gegenüber. Nietzsche ist der »Carmen« verfallen.

Für ihn war sie das Höchste an Musik. Er war ja zuerst ein Wagnerianer und hat später dem Wagner den »Parsifal« nicht verziehen.

Marcel Prawy hat mir einmal erzählt, wie es zu dem Auftrittslied der Carmen, »L'amour est un oiseau rebelle – Ja, die Liebe hat bunte Flügel« kam.

Georges Bizet war verknallt in die Hauptdarstellerin, und die Hauptdarstellerin wollte ein anständiges Auftrittslied. Sie haben lange herumgesucht, dann fand er es in einem Chanson-Heft von Sebastián de Yradier, dem Komponisten von »La Paloma«, einem berühmten Schlager, den man heute noch kennt. In diesem Heft war das Chanson, das Carmen als Auftrittslied singt. Wir haben noch Glück gehabt. Hätten die zwei noch weiter geblättert, wäre die Carmen mit »La Paloma olé« aufgetreten.

Angeblich war Bizet gegen das Auftrittslied des Escamillo und hat es erst spät mit den wütenden Worten »Die Leute wollen ihren Schmarrn, sie sollen ihn haben!« komponiert.

Das ist das berühmte »Auf in den Kampf«, das falsch übersetzt ist, denn es heißt eigentlich »Toreador prend garde!«: »Gib acht!«, »Vorsicht!«. Im Original wird der Torero nicht in den Kampf gehetzt, sondern gewarnt vor den Gefahren des großen Kampfes. Wieder eine der berühmten falschen Übersetzungen. Dieses populäre Lied ist für den Sänger ein gefährliches Lied. Es lässt den Bariton in einer Lage schmettern, in der das Schmettern gesangstechnisch nicht leicht ist. Einer Lage, die nicht sensationell klingt, wenn man schmettert, und dadurch ist diese Rolle eine Spezialisten-Rolle. Man hört nicht viele wirklich gute Escamillos.

♪

Die Methoden des Regieführens sind oft kurios. Als mein Freund Waldemar Kmentt 1965 an der Wiener Staatsoper die Hauptrolle in »The Rake's Progress« von Strawinsky erarbeitete, kam es in der Irrenhausszene, in der Tom Rakewell ein Volkslied zu singen hat, zu Schwierigkeiten. In der Meinung, ein Wahnsinniger müsse sein Gesicht verzerren, sang Waldemar das Lied so, als hätte ihm jemand mit einem Klistier eine Paprikalösung eingeflößt. Meine Beteuerung, ein Wahnsinnslied könne nur mit ausdruckslosem Gesicht wirken und so die Zuschauer erschüttern, schien nicht ins Schwarze zu treffen. Das von mir verlangte ausdruckslose Gesicht wirkte bei Waldemar so, als hätte er aus Verzweiflung in die Hose gemacht.

Es blieb mir nichts anderes übrig, als auf die Bühne zu stürzen und ihn zu bitten, das Lied noch einmal zu singen, während ich in seinem Gesicht mit beiden Händen die Ausdrucksfalten niederhielt. Die erschütternde Wirkung wurde erzielt.

Da dieses Lied vor dem Chor gesungen werden sollte und meine Handlung für Zuschauer etwas Peinliches hatte – im Chor hörte man auch glucksende Kicherer –, fühlte sich der Chorbetriebsrat in der Pause verpflichtet, mich zu stellen: »Herr Schenk, Sie können dem Herrn Kammersänger nicht mit Ihre Händ im G'sicht herumfahren während der Arie, das blamiert ja den Herrn Kammersänger vor dem ganzen Chor. Und wir schätzen ihn viel zu sehr, als dass er einer solchen Blamage ausgesetzt wird.«

»Ja«, antwortete ich kleinlaut, »ich werde in Zukunft meine Hände im Zaum halten und den Herrn Kammersänger in Ruhe sein Lied singen lassen.«

Bei der nächsten Probe saß ich im Zuschauerraum auf meinen Händen, und Waldi begann sein Lied mit relativ ruhigem Gesicht, aber hier und da doch noch hervorzuckenden Ausdrucksfalten. Nach zwei Zeilen unterbrach er sich, trat an die Rampe und sagte mit flehenden Augen: »Otti, kannst ma nicht noch einmal das G'sicht halten?«

Ich muss dazu noch bemerken, dass Waldemar letzten Endes großartig war und die Wahnsinnsszene erschütternd gestaltete.

Eine der faszinierenden Begegnungen in meinem Leben war – schon im Reinhardt-Seminar – die mit Karl Terkal. Ich probierte gerade in einer Pause im leeren Hörsaal 1 meine Rolle noch einmal durch, als lautes Hämmern aus dem Nebenzimmer dröhnte. Der dort an einer Vorhangstange hämmernde Handwerker sang dabei merkwürdigerweise die Arie des Cavaradossi aus »Tosca«: »Wie sich die Bilder gleichen«. Die Stimme klang, als würde Caruso selbst singen. Es war wie ein Wunder.

Ich stürzte ins Nebenzimmer, hatte fast Tränen in den Augen und wartete, bis Terkal, so hieß der Wunderknabe, zu Ende war.

»Wie kommen Sie zu dieser herrlichen Stimme?«, fragte ich hinaufblickend.

»Ja, ich hab halt singen g'lernt.«

»Da müssen Sie doch von Beruf Sänger werden!«

»Ich probier's eh, aber bis dahin leb ich vom Handwerk.«

Trotz seiner großartigen Höhe und seiner begnadeten Stimme blieb Terkal sein Leben lang der liebenswürdige Handwerker.

Als er mit großer Schwierigkeit den Text von Orffs »Carmina Burana« auf Lateinisch lernte, stöhnte er in einer Pause: »Wann des so weitergeht, mach ich noch die Matura.«

Er war der beste Wirt im »Rosenkavalier«, und als er unter Karajan den hohen Ton bei der Anmeldung der Marschallin, »Die Frau Fürstin Feldmarschall«, das »Feeeeeldmarschall« überlang schmetternd ein paar Sekunden hielt, was Herbert von Karajan ihm nicht gestattete (der Ton war wirklich um ein paar Sekunden zu lang ausgefallen), sagte er beim Abgang: »Der Karajan weiß net, was schön ist.«

Ich hatte Karl Terkal persönlich ganz aus den Augen verloren und keinen Kontakt mit ihm. Die Wunderbegegnung im Seminar war die einzige geblieben.

Nach dem von allen übertriebenen Erfolg meiner ersten Operninszenierung in Wien, »Don Pasquale« 1961 an der Volksoper, ging ich ahnungslos die Kärntnerstraße entlang. Plötzlich riss mich eine mächtige Faust von hinten herum, fasste mich an den Aufschlägen, beutelte mich unsanft und schrie mir mit Stentorstimme ins Gesicht: »An Radamès, an Radamès, an Radamès möcht ich mit dir machen«, und schritt von dannen.

Ein Kompliment, das ich ihm leider nicht erfüllen konnte, weil ich mich nie getraut habe, »Aida« zu inszenieren. Der Radamès mit Terkal wäre kein Problem gewesen, aber am Triumphmarsch wäre ich gescheitert.

Ich bin ein großer Meineidler. Ich hatte geschworen, nie wieder zu inszenieren. Als mein Freund Joseph »Joe« Volpe in seiner Direktionszeit an der New Yorker Met gesagt hat, sein letzter Wunsch als Chef sei, dass ich dort »Don Pasquale« inszeniere, habe ich voreilig ja gesagt. Auch weil es die erste Oper war, die ich in Wien gemacht hatte. Dass noch dazu die Netrebko als Norina besetzt wurde, hat mich in einen Rauschzustand versetzt.

Als ich ihr, gleich bei unserer ersten Proben-Begegnung, vorschlug, sie solle sich mit der Pfanne aus Übermut zweimal auf den Kopf schlagen und dann zögernd meinte: »Perhaps that is too stupid!«, antwortete sie mit todernstem Gesicht: »Nothing is too stupid!«

Ich bin dieser Frau verfallen, seit ich sie zum ersten Mal auf der Bühne gesehen habe. Und bei der Arbeit noch mehr. Ich habe so eine Begabung eigentlich noch nie erlebt. Mit dem jungen Bariton Mariusz Kwiecień als Malatesta hat sie in »Don Pasquale« ein Duett von übersprudelnder Lustigkeit, von Übermut und gespielter Gemeinheit hingelegt, dass der Dirigent Maurizio Benini unten im Orchester gesagt hat: »Sie schauen mich kein einziges Mal an, Sie werden das nicht können, man wird Sie nicht hören.«

Die Netrebko hat gesagt: »Keine Angst«, und man hat sie gehört.

♪

Ich wäre sehr gern Sänger geworden. Die Stimme war aber nur zum Sprechen verwendbar, und daraus habe ich als Schauspieler insofern etwas gemacht, als ich eine brüchige, geplagte und im Leben verwendete Sprechweise benützt habe, um natürliche Menschen darzustellen, die nicht beim Sprechlehrer geschult wurden. Meine alltägliche Stimme sollte den Alltag auf die

Bühne bringen. Dadurch wurde ich einschränkenderweise »Volksschauspieler« geschimpft. Einfach weil ich mich auf der Bühne bemüht habe, mit dem Organ, das im Leben Abnützungserscheinungen aufweist, zu sprechen, Abnützungserscheinungen, die darauf hinweisen, dass der Mensch, den man darstellt, schon Verschiedenes erlebt hat und dem ein theatralisches, wohltönendes Sprechwerkzeug versagt ist. Ich habe mich nie geräuspert, bevor ich aufgetreten bin, und wollte es so rau klingen lassen, wie man im Leben klingt. Das Schönklingen habe ich den Sängern überlassen, die im Schönsingen Gefühle ausdrücken. Wobei ich als Regisseur auch immer darauf Wert gelegt habe, dass man die Technik des Schönsingens nicht merkt, sondern eine Selbstverständlichkeit des Singens bedient.

Meine Sänger, wenn ich das so besitzergreifend sagen darf, waren immer die, die selbstverständlich singen konnten und deren Gesicht sich nicht zu einer Fratze verzog, wenn der erste Ton erzeugt wurde.

Der große Max Lorenz hat mir einmal, als er schon lange nicht mehr gesungen hat, in der Kantine gesagt: »Eine Kerze, vor den Mund gehalten beim lautesten Gesang, darf nicht flackern.« Das können nicht sehr viele.

Ich habe immer das Heitere gesucht, auch im Schmerz, das heitere dem angestrengten pseudo-dramatischen Gesicht vorgezogen, und ich kenne viele erschütternde Momente im Leben, wo mir Menschen mit einem lächelnden Gesicht die schrecklichsten Geschichten und Schmerzen geschildert haben. Es ist alles oft ein bisschen anders als das Übliche.

Ich habe mich auch in den Gesang immer eingemischt. Ich habe die Grenze nicht respektiert, an der man sagt: Das ist jetzt

Sache des Gesangslehrers, oder: Das geht dich nichts an, das mach ich mit meiner Stimme, wie ich will. Das hat mich nie interessiert. Ich habe eher eine Sucht erzeugt in den Sängern, eine Sucht nach Natürlichkeit, eine Sucht nach Selbstverständlichkeit. Sänger sind entzückend in ihrer gescheiten Naivität, wenn sie fragen: »Was soll ich da machen?« Das ist nämlich die richtige Frage. Die Frage »Wie soll ich da fühlen?« ist nicht zu beantworten, aber »Was soll ich machen, wenn ich so fühle?« schon. »Wenn ich so fühle«, sagen sie nicht. Danach fragen sie gar nicht, weil das macht ja die Musik.

Wenn man das Technische kann, ist das Operngespiele leichter als das Theatern. Beim Theater musst du die ganze innere Partitur erdichten, schreiben oder spüren. Das ist bei der Oper von Puccini und Wagner und Mozart schon fertig. Der Wozzeck braucht sich ja nur auf die Bank zu setzen und eigentlich gar kein Gesicht machen, und man weiß, er wird die Marie umbringen. Man spürt das durch die Musik.

Ein gutes Beispiel ist das Vorspiel zur Arie des Philipp in »Don Carlo«. Das ist ein langes, prachtvolles Orchestervorspiel, das die Sorgen des Philipp widerspiegelt, Liebe, Verzweiflung und Trauer. Bevor er sagt: »Sie hat mich nie geliebt«, denkt er darüber nach, wie sehr sie ihn nie geliebt hat. Er sagt: »Gleich beim ersten Mal ist sie erschrocken, als sie die grauen Haare gesehen hat.«

Das dauert musikalisch lange, und ich habe Nicolai Ghiaurov in meiner Inszenierung 1970 relativ früh hereinkommen lassen. Bei der Probe ist er so königlich aufgetreten, das habe ich schon nicht mögen. Wir haben dann einen Schlafrock gefunden, und das kleine Kästchen, das er später öffnet, hatte er bei sich.

34 Wiener Staatsoper 1975: Karl Ridderbusch als Hans Sachs in »Die Meistersinger von Nürnberg« von Richard Wagner

35 Bayerische Staatsoper München 1975: »Don Carlo« von Giuseppe Verdi mit Ruggero Raimondi als Philipp II. und Eberhard Waechter als Rodrigo, Marquis von Posa

8
er
soper 1976:
s Godunow«
Modest
orgski,
ungsszene
Szenen
Nicolai
urov in der
olle sowie
ngiz Yachmi
odor und
emar
att als
ski

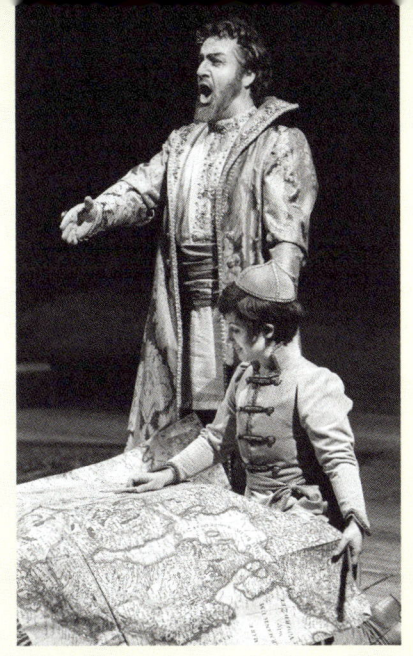

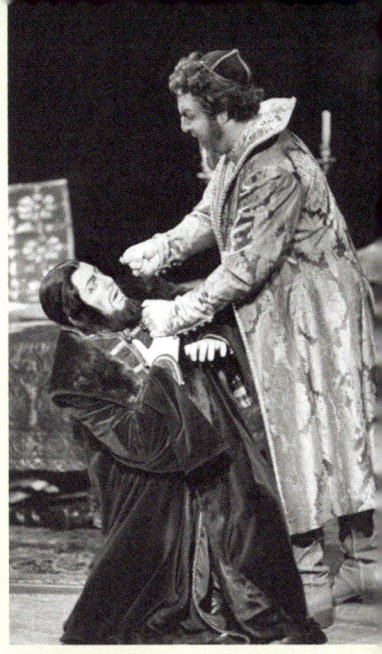

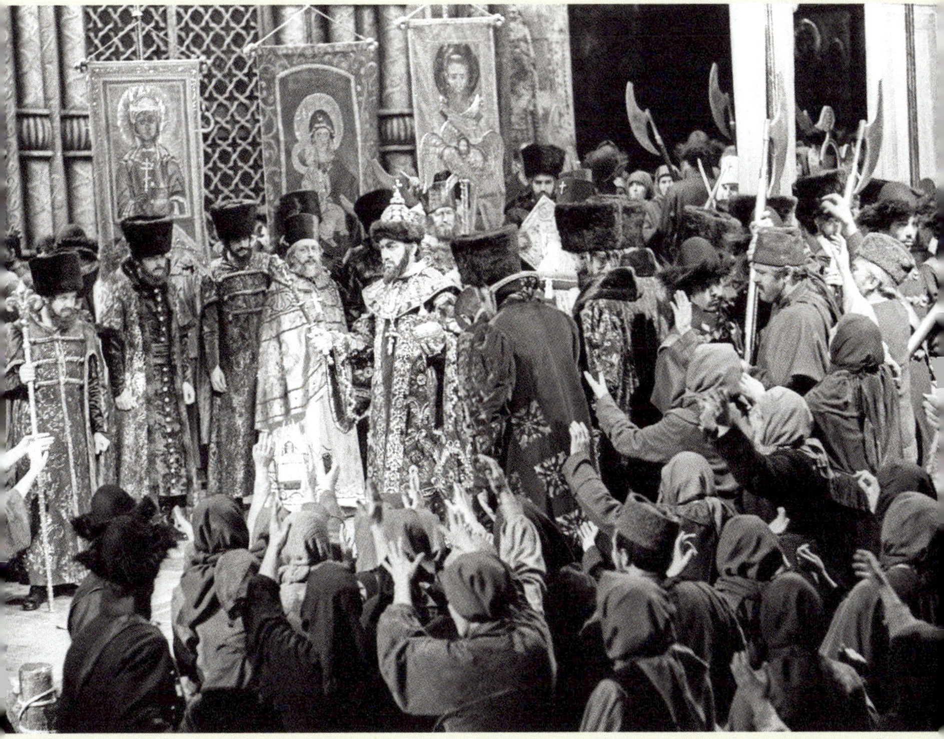

39 Wiener Staatsoper 1976: »Kabale und Liebe« von Gottfried von Einem mit Anja Silja als Luise und Hans Beirer als Präsident von Walter

Ich habe ihm gesagt: »Nimm das ungeschickt unter den Arm und friere. Du brauchst gar nicht zu denken, das macht schon das Cello, aber friere und hab das Kastl unterm Arm und presse es an dich, weil du es nicht aufmachen willst. Du hast es schon ein paar Stunden unterm Arm. Und geh langsam und setz dich auf den Thron, aber nicht wie ein König, sondern wie man sich in dem Thron verkriecht. Der muss zu groß sein für dich, um eine Spur zu groß. Und dann sitzt du dort und frierst und schüttelst ein bisschen den Kopf. Komm noch mal rein und geh ganz langsam. Entschuldige, wenn ich du sage, aber ich sage du zu ihm und nicht du zu Ihnen, Herr Ghiaurov, sondern zum König sage ich du.«

Er hat es so gemacht und den Schlafrock vor dem Gesicht zu einem Zopf zusammengekrallt, nicht verkrampft, sondern frierend. Man hat das Gefühl gehabt, die Sorge ist da. Die Sorge. Sorge ist ein wunderbares Wort, ein Stoff für den Regisseur.

Wenn der Vater Germont in »Traviata« seinen Sohn zurückhaben möchte aus dem Leben, das dieser mit einer Kurtisane führt, ihn nach Hause haben will zu seiner Schwester, die heiraten soll, ist zwischen seinen zwei Strophen ein kurzes Zwischenspiel. In meiner Regie hat er seine Brille, die angelaufen war, heruntergenommen und geputzt. Man wusste, der Vater hat nasse Augen gekriegt. Er hat nicht richtig weinen müssen – das kann man ja nicht auf Befehl, die Musik weint –, hilflos und etwas ungeschickt hat er die Brille heruntergenommen, sie schnell wieder aufgesetzt und dann die zweite Strophe gesungen: ein erschütternder Moment.

Mit Leonie Rysanek, die mit großer wienerischer Kraft ihre Rollen anging, war das Arbeiten eine Freude. Sie neigte im

Überschwang ihrer genialen Darstellungswut oft zu einem Überausdruck in den Gesichtszügen, die etwas Wehleidiges, Bauchwehartiges ausdrückten und mit dem echten Schmerz nichts zu tun hatten. Das wusste sie und benannte es selber: »Pass auf, dass ich nicht meinen Hausmeisterschmerz loslasse.« Dieses Wort »Hausmeisterschmerz« bildete dann das Signal, das man ihr mitten in die Arie hinaufrufen konnte, worauf sie dankbar wieder ein entspanntes, echtes Leidensgesicht zustande brachte und den Überausdruck, den man oft auch auf schlechten Heiligenfiguren wiederfindet, rechtzeitig aufgab. Die großen Meister, zum Beispiel Matthias Grünewald im Isenheimer Altar, wissen diesen falschen Ausdruck genial zu vermeiden und man findet keinen Funken Hausmeisterschmerz in seinem gekreuzigten Christus.

Ein anderer Zuruf, der mit Plácido Domingo vereinbart war, galt den erklärenden Händen. Schauspieler und Sänger beteuern mit den Händen das, was sie darstellen wollen und was ihnen nicht so echt gelingt, sodass sie eine erklärende, verkrampft wirkende Geste für zusätzlich notwendig erachten. Das alles geschieht natürlich automatisch und nicht bewusst, aber zu erklären, was man fühlt, ist kontraproduktiv, wenn es das echte Gefühl betrifft. Es genügte, wenn Domingo ein erklärendes Pfötchen auskam, der kurze Zuruf »Mano!« oder »Hand!«, denn er verstand ihn natürlich auch auf Deutsch. Mein Stab wunderte sich über diese bellenden Zurufe, und die Musiker zuckten zusammen, wenn es in einer Orchesterprobe geschah.

Aber Domingo reagierte wie ein edles Raubtier sofort auf diesen Zuruf. Eines Tages kam ihm die rechte Hand wieder erklärend aus, aber die linke, anscheinend intelligentere, schlug sofort auf diese rechte Hand drauf, und ein entschuldigender Blick zu mir zeigte, dass er keinen Zuruf mehr nötig hatte.

Diese Art der Zurufe hatte ich eigentlich von Dompteuren gelernt. Dompteure knurren meist seltsame, esperantoartige Begriffe ihren wilden Tieren zu, die daraufhin erstaunlich schnell reagieren. In welcher Sprache dies geschieht, weiß ich nicht. Ich kann mich an einen Dompteur erinnern, der ganz deutlich den Löwen »Salat!« zugerufen hat. Ich habe ihn nicht verstanden, die Löwen schon. Ein anderer hatte ein weiteres Wort parat und knurrte den Bären »Burro! – Butter!« zu. Was er damit ausdrücken wollte, weiß ich nicht, aber die Bären haben ihm auf das Wort, das natürlich im Italienischen – burro – etwas bäriger klingt, sofort gefolgt.

Meine Regiearbeiten verfolgen mich bis in den Schlaf. Ich inszeniere ununterbrochen im Traum. Gott sei Dank nicht mehr so oft in der Wirklichkeit. Da träume ich Details, die schiefgehen: Eine Versenkung ist offen und die Leute können nicht drüber gehen. Oder ich habe eine falsche Oper vorbereitet und weiß nicht, was auf der Bühne vorgeht. In einem anderen Traum kommt keiner oder es erscheinen die falschen Leute. Ich träume ununterbrochen Pannen, solche, die genau so passieren könnten. Sehr realistisch. Und manchmal spiele ich als Regisseur mit und kann dann als Einziger die Rolle nicht. Oder ich bin zu leise und es versteht mich kein Mensch. Das träume ich oft und das ist wahrscheinlich auch manchmal bei einer Vorstellung so.

Aus der weiten Opernwelt

Während meiner Arbeit an Verdis »Ballo in maschera« 1975 im Royal Opera House Covent Garden waren wir auf eine Probebühne verdammt, die im entlegenen East End Londons lag, in einem ehemaligen Dock-Gebäude.

Das Essen in Londons Vorstädten war lebensgefährlich, zumindest schmeckte es so. Da man nur mit großer Geduld durch die Riesenstadt fahren kann, waren wir in der Mittagspause gezwungen, uns einheimisch zu ernähren. In Wien kann man sich in schlechten Essgegenden immer noch mit einer Knackwurst oder einem Würstel über Wasser halten. In London schmecken diese Würsteln fast so wie die von den Hunden. Verwöhnte Esser wie Domingo und Cappuccilli saßen gemeinsam mit mir traurig hungernd in einem kantineartigen Raum, und auch der Kaffee, der serviert wurde, konnte uns kaum zu einem Aufstoßen ermuntern.

Umso schöner waren unsere Ausgänge am Abend in Domingos Lieblingsrestaurant, ein spanisches Lokal mit spanischer Musik. Domingo war Stammgast, und die Musiker geigten ihrem Liebling ununterbrochen vor oder zupften ihm mit Gitarren Lieblingslieder aus spanischen Zarzuelas ins Ohr.

Ich flüsterte Domingo zu: »Sing doch mit.«

»Das Lied ist zu hoch«, raunte er zurück.

»Feigling«, flüsterte ich.

Endlich fasste Domingo Mut und sang mit seiner unvergleichlichen Stimme eines dieser Lieder. Das Lokal hatte noch nie ein Lied in solcher Lautstärke gehört. Die feinen Engländer drehten sich verstört auf ihren Plätzen um. Die Schönheit des Gesanges ließ auch die Würde der Engländer schmelzen, und sie brachen in einen großen Applaus aus.

Es war inzwischen spät geworden, und wir wollten gehen. An der Türe begegnete Domingo einem älteren, lordartigen Briten, der ihm gönnerhaft mit den Worten »You should become a singer, my boy« auf die Schulter klopfte.

Domingo nickte bescheiden und sagte: »I will try my best, Sir!«

Nach einer Premiere wurde neben seinem selbstverständlich tenoralen Triumph auch der Schauspieler Corelli gefeiert. Bei der Premierenfeier unterbrach er seinen großen Auftrittsapplaus mit den Worten »Ich verdanke alles *dem* Herrn« und deutete auf mich – »*dem* Herrn« wiederholte er. Meinen Namen hatte er sich offensichtlich nicht gemerkt.

Trotzdem umarmten wir uns innig, und dabei flüsterte ich ihm ins Ohr: »Ich heiße Otti!«

Wenn nicht in Wien, könnte ich in New York leben. Ich habe nach New York eine große, heimwehartige Sehnsucht.

Die Met ist mir vorgekommen wie ein ganz gewaltiges, großes, aber dennoch ganz bescheidenes Haus. Man hat dort Europa und alles, was aus Europa kommt, gierig aufgenommen, man wollte lernen von den großen Meistern unseres Kulturkreises. Die Met ist wie ein Bollwerk.

In New York, wo die Menschen aus allen Ländern zusammengekommen sind – es gibt dort die gescheitesten Deutschen, die begabtesten Geiger, die talentiertesten Maler –, findet sich ein Sammelsurium von Nuancen, die man sich gar nicht alle vorstellen kann. Es ist eine Prachtstadt von einer unbeschreiblichen Schönheit und mittendrin die Met, das italienische oder deutsche Haus. Wenn man dort den Chor erlebt hat – und ich liebe den Wiener Chor, weil das meine Gauner sind, zu denen ich mich gehörig fühle –, ist man überwältigt, denn der Chor der Met besteht aus Schwarzen, Gelben, Homosexuellen, Iren, Deutschen, Juden, es ist die ganze Welt. Und wenn alle zusammen den »Wach auf«-Chor aus dem dritten Akt der »Meistersinger« in meisterhaftem Deutsch anstimmen, geführt von einem wunderbaren Chorleiter, und genau das machen, was ich ihnen suggeriert habe, dann hat man das Gefühl, die Welt singt einem entgegen und die Welt versteht sich über ein urdeutsches Werk. Ein Werk, das die Deutschen vergöttert: »Ehrt eure deutschen Meister, dann bannt ihr gute Geister!« Wie schon gesagt, dagegen habe ich gar nichts.

Wenn man sieht, mit welcher Qualität alle die Aidskranken im Chor gehegt werden, wie sie besucht werden, bis sie sterben, dann ist man gerührt von einer Menschlichkeit, die vielleicht nicht in ganz Amerika, aber dort eben selbstverständlich ist.

Und die Liebe, mit der mich die Techniker dort behandelt haben, die fast Unmögliches geleistet haben, wie schnell sie umgebaut haben! Ich war immer wieder besoffen von ihrer Hilfsbereitschaft, ihrer Arbeitswut, um Qualität zu erzielen.

In meinem Pass steht als Beruf »Schauspieler«. Das hat entfernt damit zu tun, dass mir nie klar war, was eigentlich ein Regisseur ist. Dazu passt die Geschichte einer Begegnung mit einer ärmlichen alten Frau, die mich in gebrochenem Deutsch ansprach, als ich die Metropolitan Opera nach einer Probe an einem trüben Tag verließ und auf den Bus wartete.

»Sie kommen aus der Met?«
»Ja«, sagte ich.
»Was haben Sie dort gemacht: Sind Sie Sänger?«
»Nein.«
»Tanzen Sie?«
»Schau ich so aus?«
»Ich hab mir gleich gedacht, Sie tanzen nicht. Wie ein Sänger schaun Sie aber schon aus, wegen dem Gewicht.«
»Ich singe nicht. Ich bin Regisseur.«
»Was ist das?«
»Na ja, ich zeige meinen Sängern …«
»Ihren Sängern?«
»… den Sängern, wo sie auftreten.«
»Das wissen die Sänger nicht?«
»Ja, schon, aber ich zeige ihnen, wie sie hereinkommen müssen.«
»Entschuldigen Sie, ein hoch bezahlter Sänger weiß nicht, wie man bei der Tür hereinkommt?«
»Ich sage ihm, was er denken soll, wenn er singt.«
»Bitte, es geht mich ja nichts an, aber ein Sänger, der singen gelernt hat, der einigermaßen denkt, der wird auch wissen, was er denkt, wenn er singt.«
»Gut, aber ich erkläre auch dem Bühnenbildner, wie er das Bühnenbild gestalten soll«, sagte ich etwas geschwollen.
»Ein Bühnenbildner hat doch auch etwas gelernt. Warum brauchen Sie dem zu sagen, was er gestalten soll?«

»Wir sitzen halt zusammen und reden.«
»Worüber?«
»Übers Bühnenbild, über das Konzept.«
»Was ist das?«
»Ja, das Stück und die Art des Stückes.«
»Das hat doch schon einer geschrieben, ein Dichter oder ein Musiker.«
»Wir entwickeln aber die Szene.«
»San S' ma net bös, aber was heißt ›entwickeln die Szene‹? Die Szene ist ja schon da.«
»Wir probieren halt«, sagte ich hilflos.
»Was probieren Sie?«
Ich wusste nicht mehr weiter.
»Eines versteh ich nicht«, knurrte die Dame im Weggehen, »wozu bezahlt man solche Leute?«
Im Moment wusste ich es auch nicht und stieg verzweifelt in meinen Bus.
So ähnlich musste es dem Schuster gegangen sein, den Sokrates so lange ausfragte, wie man Schuhe macht, bis er den Hammer wütend hinwarf und sagte: »Mach dir doch deine Schuh selber!«

♪

Die Met ist nicht New York und nicht typisch New York, aber man könnte sie ein gewaltiges Ghetto nennen. New York ist groß genug und enthält genug Leute, die ein italienisches Publikum bilden oder ein Wagner-Publikum oder auch ein Ballettpublikum. Es ist ein großer Magnet, der den Glanz von

Europa in Amerika strahlen lässt. Große Europäer führen dort den Chor, europäisch denkende Musiker sitzen im Orchester, auch amerikanische Dirigenten sind ganz der europäischen Musik verschrieben, und die Met ist ein verehrter Fremdkörper in der Stadt. Aber New York lebt von diesen Fremdkörpern. Chinatown ist ja auch ein Fremdkörper und die Blumenläden sind Fremdkörper. Früher waren es die Schuhputzer, jetzt verschwinden die ein bisschen, die Fischhändler sind Fremdkörper, es ist eine Hafenstadt und plötzlich hört der Hafen auf. Auf einmal werden diese Molen zu Promenaden und die Elendsviertel werden verschönert und werden Parks und Touristenfallen.

So ähnlich ist es in Zürich. Zürich ist nicht typisch schweizerisch. Es ist wirklich die kleinste Weltstadt, und auch die Oper enthält plötzlich ein wagnerianisches Connaisseur-Publikum und man spielt »Falstaff« vor italienischen Kennern. Es ist eine fast krankhafte, aber geliebt-krankhafte Internationalität. Es gibt auch die besten italienischen Lokale in der Schweiz, die sind manchmal besser als die italienischen Lokale in Italien. Das ist faszinierend.

Ich habe meine erste »Fledermaus« in der Schweiz inszeniert und sie durchaus wienerisch bedient. Da saß dann plötzlich ein Wiener Publikum, aber keine Wiener, sondern Schweizer, die Wiener sein wollten. Es ist derselbe Bazillus, der den Mozart italienisch komponieren lässt. Die Wiener Staatsoper hat auch diese Fähigkeit, Heimat zu werden für große Stars, die gar nicht Deutsch können, aber sie sind dann Bürger der Wiener Staatsoper. Sie kommen, ich hoffe für weniger Geld als anderswo, immer wieder nach Wien, das gehört dazu. Es entsteht ein Heimweh nach Wien. Es gibt auch ein Heimweh nach New York und ein Heimweh nach Zürich. Das sind die Städte, die die Vorsilbe »Welt-« verdienen.

Ich habe mich nicht am jeweiligen Inszenierungsort wohlgefühlt oder auch gar nicht wohlfühlen wollen. Mir war der Ort nicht so wichtig wie das Team und die »Bande«, die mich umgeben hat für die jeweilige Arbeit. Ich hatte wie Scheuklappen und habe gar nicht mehr genau gewusst, wo ich bin. Und da wurde mir der Ort ein Zuhause oder fremd, wenn es nicht funktioniert hat, sogar nationalfremd. Ich musste dann, wenn etwas schiefgegangen ist, also im Haus nicht funktioniert hat, Acht geben, dass ich nicht nationale Schimpfworte gebraucht habe. Ich habe einmal bei einer Regiearbeit, als ich zum vierten Mal nicht die richtigen Requisiten bekommen habe und ein Umbau zu lange dauerte, in Zürich, das ich ja gerade so liebevoll geschildert habe, einen Ausbruch gehabt. Ich habe den Requisiten-Senner und den Umbau-Hirten zu mir beordert, weil ich plötzlich das Gefühl hatte, von blökenden Gebirgseinwohnern umgeben zu sein, die mit dem Theater nichts zu tun haben wollen. Das war an einem Tag, an dem wir für den letzten Auftritt im »Liebestrank« ein Maultier einsetzen wollten, und dieses Maultier hat alles gemacht, was man wollte, nur zu einem war es nicht zu bewegen, das Theater zu betreten. An diesem Tag habe ich das Maultier sehr gut verstanden. Es ist dann wieder brav nach Hause geführt worden und wir haben den Wagen ohne Maultier oder Esel – es war ein Esel, wie sich dann herausstellte – auf die Bühne ziehen lassen.

In New York wollten sie immer Designs, wenn man etwas verlangt hat: »We want a design.« Ich wollte in »Tannhäuser« für die Pilger drei Wanderstöcke mit Knoten, so wie halt Wanderstöcke aussehen.

»Give us a design.«

Sag ich: »What design? Just sticks.«

»But what sticks?«

Darauf sagte ich zu meinem Bühnenbildner Schneider-Siemssen: »Günther, mach ein Design von einem Stecken.«

Worauf der Günther ganz lässig mit der linken Hand auf einem Papier einen Stecken hingezeichnet hat. Ganz gut, so richtig mit Knollen und Knorren.

»Und wie viele willst du? How many?«

»I don't know. There are thirty people. – Dreißig Leute kommen da auf die Bühne, vielleicht zwanzig Stecken«, habe ich zur Sicherheit gesagt.

Zwei Tage später stand ein Waggon auf der Bühne mit zwanzig Rüsseln von zehn Zentimetern Durchmesser und drei Meter Länge.

»What's that?«

»This is your design. – Das ist nach Ihrem Entwurf.«

Sag ich: »Das kann ich so nicht brauchen. Und jetzt bekommt ihr kein Design von mir, sondern ihr geht in den Park vis-à-vis und reißt dort solche Stecken aus.«

Das haben sie gemacht, und ich habe dann fünf oder sechs echte Haselnussstauden bekommen oder was da herumliegt.

In »Fra Diavolo« an der Volksoper sollten Erich Kunz und Erich Kuchar als fromme Gauner den Leuten die Uhren stehlen. Ich habe verlangt: »Ich möchte Uhren.«

»Wie viele?«

»Ein paar Uhren halt.«

»Wie sollen sie ausschauen?«

»Weiß nicht. Mir ziemlich egal. Was ihr halt habt. Taschenuhren.«

»Ja, aber das muss genau sein.«

Dann haben wir erklärt, wie sie sein sollen.

»Und wie viele?«

»Ich weiß nicht, ein paar. Ich kann's nicht sagen.« Und in der Wut habe ich dann gesagt: »Hundert!«

Am nächsten Tag kamen hundert gleiche Uhren in einer Kiste. Die waren gedruckt. Die hatten in der Technik eine Maschine, die konnte das so schnell prägen. Das wusste ich nicht. Ich habe gedacht, die haben sie machen lassen.

Da habe ich gesagt: »Leider, das sind mir zu viele.«

»Aber Sie haben doch hundert verlangt.«

»Nein, ich habe gebellt: Hundert! Das gilt nicht. So habe ich es nicht gemeint.«

Da gilt man dann unverschuldet als Kretin.

Die Requisiteure waren für mich die wichtigsten Leute. Als ich an der Josefstadt gespielt habe, auch als Direktor, war die Requisitenabteilung meine Herzabteilung. Die waren phänomenal. »Ich hätte gerne …«, habe ich gedeutet und habe es noch gar nicht ausgesprochen, »… eine Nagel-«, da hat er beim Fenster schon die Nagelschere hereingehalten, die er inzwischen im mörderischen Tempo aus der Requisite geholt hatte.

Ich habe sie geliebt, meine Requisiteure.

Auch im Volkstheater gab es eine Requisitenkammer, das war ein Kabinett des Dr. Caligari, unendlich viele Sachen.

Irgendwelche Renovierungsidioten haben das dann entsorgt. Es war ein Wahnsinn, was es da alles gab. Man braucht das so. Das, was der Mensch in der Hand hat und was er sich umhängt und was er sich einsteckt und woraus er trinkt und wie er sich einschenkt, und was stehen bleibt, halb gegessen.

Es ist wunderbar, wie ich auch jetzt noch in der Josefstadt bedient werde. In »Schon wieder Sonntag«, das Stück spielt in einem Altersheim, bekomme ich jeden Tag eine perfekte Eierspeise serviert und ein Sandwich, das so rutscht, mit solcher Liebe vorbereitet ist, essbar ist und keine Rinde hat, weil man ja während des Essens reden soll.

Ich finde dieses falsche Schnabulieren auf der Bühne entsetzlich. Ich finde, auf der Bühne soll man fast fressen oder gierig essen, wenn der Darsteller Hunger hat. Oder widerlich essen, wenn er keinen Hunger hat. Meine Eierspeis wird jeden Tag ganz genau vorbereitet. Die habe ich schon bei der ersten Probe bekommen.

In jeder Inszenierung bestellt man, was man isst. Ein Stangerl, eine angepatzte Semmel, ein halb angegessenes Butterbrot. Das soll entweder unappetitlich oder appetitlich ausschauen, je nachdem. Und das Unappetitliche muss man auch essen können. Das muss nur unappetitlich ausschauen, darf aber nicht unappetitlich sein.

In »Ich bin nicht Rappaport« wurde eine Zeitung gebraucht, die im Text erwähnt wird. Das ist eine Zeitung, die die Schwarzen gelesen haben. Bei der ersten Probe lag das Exemplar aus der Zeit, in der das Stück spielt, schon dort. Ich war zu Tränen gerührt. Aber auch wenn du Nazizeitungen brauchst oder Ähnliches, die fotokopieren das, und du bekommst die Zeitung, die du willst.

Ich habe einmal mit einem Regisseur gearbeitet, der verlangt hat: »Trink aus der Flasch'n!«

Da habe ich gefragt: »Ist die sauber?«

»Lieber Freund, einem Komiker darf vor nichts grausen.«

40 Deutsche Oper Berlin 1976: »Wozzeck« von Alban Berg mit Brigitte Fassbaender als Marie und Gerd Feldhoff als Wozzeck im Bühnenbild von Günther Schneider-Siemssen

41 Wiener Staatsoper 1977: »Tannhäuser« von Richard Wagner mit Spas Wenkoff in der Titelrolle, Bernd Weikl als Wolfram und Theo Adam als Landgraf Hermann im Bühnenbild von Günther Schneider-Siemssen

42 Wiener Staatsoper 1977: »Tannhäuser« von Richard Wagner, Bernd Weikl als Wolfram beim Sängerkrieg auf Wartburg

Deutschland gegen Österreich 0:0

Ich möchte eine Geschichte erzählen, die den Unterschied zwischen Deutschland und Österreich deutlich macht.

In Frankfurt sollte ich meinen ersten »Rosenkavalier« inszenieren. Im zweiten Akt ist der Auftritt des Octavian zur offiziellen Rosenüberreichung eine heikle Angelegenheit wegen des differenzierten Aufmarschs von Lakaien und Läufern am Ende einer Delegation, in der sich alle militärisch verteilen. Dann zieht der Offizier, der Leibhusar, seinen Säbel zum Salut, alle nehmen Haltung an, und es erscheint der Rosenkavalier aus der Mitte.

Für dieses schwierige militärische Arrangement hatte ich eine längere Probenzeit veranschlagt. Mit meinem Freund, einem etwas militanten Statistenchef, besprach ich meine Wünsche und bereitete mich auf die lange Korrekturprobe vor. Er rief ein paar Befehle in den Saal, ordnete die verschiedenen Auftritte an, darauf marschierten forsch die eingeteilten Mannen die Stiegen herauf und stellten sich nach knappen Zurufen, präzis sich wendend, auf ihre Positionen. Neuerliche Befehlsschreie, und der zweite Trupp marschierte nach einem kurzen Wink exakt auf. Alle standen auf den vereinbarten Positionen. Ein Pfiff, der Leibhusar riss den Säbel aus der Scheide, und der Rosenkavalier konnte genau in die Mitte treten. Das Ganze hatte ungefähr fünfzehn Minuten gedauert. Ich war platt. Mir blieb eine gute Dreiviertelstunde Probenzeit übrig.

Für den »G'stochenchor«, der Szene, nachdem der Ochs, Baron von Lerchenau, von Octavian verwundet wird, sollte ein Riesenwirbel auf der Bühne entstehen. Da dieser Wirbel nur kurz ist und ungeschickt aussehen sollte, hatte ich dafür eine geringe Probenzeit veranschlagt. Ich begann also mit meinen Anweisungen:
»Sie stürzen heraus.«
»Wer?«, war die Antwort,
»Ein Haufen.«
»Wie viele?«
»Ich weiß nicht, sechs Leute und von der anderen Seite auch ein paar.«
»Wie viele?«
»Fünf oder sieben. Sie stoßen zusammen.«
»Wer mit wem?«
Was soll ich sagen, es ergab sich ein endlos langes Gerangel, bis der erforderliche Wirrwarr entstehen konnte. Ich musste jede Begegnung organisieren, alles, was zufällig aussehen sollte, exakt festlegen. Meine Zeit war weit überschritten und ich musste eine zweite Probe ansetzen.

Mit dieser Erfahrung kam ich nach Wien, um auch hier den »Rosenkavalier« zu inszenieren. Das Militärische vor der Rosenüberreichung wird schnell gehen, dachte ich – je nachdem könnte man hier das deutsche »Denkste« oder das österreichische »Na Schnecken« einfügen.
Drei hatschende, stolpernde Husaren kamen zu verkehrten Zeiten die Stiegen herauf, vorn war schon ein Gerangel, als die Hälfte auf die falsche Seite drängte. Dann standen sie endlich da. Die »Laufer« kamen auch zu spät.

Ich musste unterbrechen, nochmals anfangen. Zum Schluss war es dem Leibhusaren nicht möglich, den Säbel zu ziehen, weil er ihn vergessen hatte. Als er ihn dann schließlich doch zog, nahmen sie nur mühsam seltsame Haltungen an, die man einzeln verbessern musste. Es begann ein stundenlanges Strafexerzieren, und erst nach zwei Stunden »stand« die Sache einigermaßen.

Die Grausbirnen stiegen mir auf, als ich an den schwierigen »G'stochenchor« dachte.

Also begann ich: »Sechs von der einen Seite, sieben von der anderen Seite. Ihr stürzt zusammen, in der Mitte entsteht ein Wirbel.«

Ich wollte gerade angeben, wer mit wem zusammenstoßen sollte, sah aber schon abwinkende Gesten vom Chor. Die Stimmung war geklärt, der Wirbel ausgemacht, die Leute standen in ihren Startlöchern, und ich gab das Zeichen für den Einsatz der Musik. Ein grandioses Durcheinander beschämte mich vollends. Schlampig und individuell wirbelten sie durcheinander, es ergab sich ein Chaos auf der Bühne, wie man es sich nur wünschen konnte. Fünfzehn Minuten waren vergangen. Da ich die militärische Probe so überzogen hatte, war ich mit dem spärlichen Rest wieder großartig ausgekommen.

Einen der Chorherren, der so ausgezeichnet echt gestolpert war, bat ich: »Den Stolperer machen S', der ist großartig.«

»Herr Schenk, den mach ich schon seit zwanzig Jahren«, antwortete er beruhigend.

Musikalisches Potpourri

Ich habe eigentlich kein einziges Mal den Wunsch ausgesprochen, etwas Bestimmtes zu inszenieren. Das lag an verschiedenen Dingen. Erstens, dass ich eine gewisse Ehrfurcht vor meinen Lieblingsstücken hatte und denen durch mein Inszenieren nicht wehtun wollte. Zweitens, dass ich es ganz gerne hatte, wenn jemand vom Betrieb oben, nicht einmal ein Künstler, sondern ein Manager des Hauses an mich glaubt und mir sein Werkl zur Verfügung stellt und nicht ich derjenige bin, der es ihm abverlangt für einen Liebling, den ich inszenieren wollte. Das wäre mir peinlich gewesen. Ich war immer gerne der zur Verfügung Stehende und nicht der die Verfügung Verlangende. Und die leichte Scheu, dass man diese Lieblingsstücke, es waren ja sehr viele, vom »Rigoletto« über die »Traviata« zum »Danton« bis zu den »Meistersingern«, der »Carmen« oder dem »Ring«, nicht so zu treffen, wie ich es mir in meinen Träumen vorgestellt habe, hat mich zurückgehalten.

Es gab aber auch Stücke, an die ich nicht von Haus aus glauben konnte und die ich mir eigentlich erst bei der Arbeit angewöhnt habe. »Lulu« zum Beispiel. Aber gerade das war dann aufregend, dieses Kennenlernen, dieses Deflorieren einer Szene, dieses Hineinhören, warum es so fremd komponiert ist oder so hysterisch oder peinlich. Das hat man dann bedient während der Arbeit, auch die Sänger, auch die zweifelnd mit der schwer erlernten Musik. Das war 1962 damals ja fast eine Uraufführung und es war aufregend, wie ein Paul Schöffler oder ein gestandener Hans Sachs sich hineingequält hat in die qualvolle Musik und war dann ganz besonders wirksam und erschütternd, wie er daran gestorben ist. Wir hatten die großartige zweiaktige Fassung, die dreiaktige war noch gar nicht komponiert. Evelyn Lear war die Lulu, und Karl Böhm hat dirigiert. Er hat das sehr sehr romantisch gemacht. Das hat er herausgehört. Für ihn war das ein Freund, der Alban Berg, sozusagen, er hat ihn, glaube ich, sogar gekannt und er war für ihn ein Nachfolger von Richard Strauss.

Ich bin auf etwas draufgekommen und sicherlich nicht der Erste, der draufgekommen ist, und ich habe es auch schon im Vorwort angeschnitten: Alles, was man hört und was einem gefällt oder einen auch nur interessiert, will man wieder hören oder sehen.

Wenn man dieser Art oder Unart nachgibt, artet es geradezu aus, dass man mit der Zeit nur mehr Bekanntes hören oder sehen will.

Musiker scheinen dieses Gefühl zu kennen und respektieren es akribisch. Das heißt, wo immer etwas gespielt wurde, was Interesse erweckt, kriegt man es des Öfteren zu hören. Oft haargenau so, wie man es gehört hat, und manchmal in unzähligen Abarten und Wiederholungen. Es ist so, als würden die Komponisten uns mit etwas vertraut machen wollen und es uns mit Wiederholungen aufoktroyieren, damit wir es als etwas Bekanntes immer wieder begrüßen.

Das macht der Mozart so, das macht der Beethoven so, das macht aber auch der Alban Berg so, und die Operette lebt von diesen Aufoktroyierungen. Es ist der Auftrag an den Zuschauer und Zuhörer, dass er beim Nachhauseweg die Sache vor sich hinpfeift und das Thema »badezimmerreif« wird.

Wagner begleitet ja seine Figuren und ihre Gedanken mit eigenen Themen und Motiven, die er selber nie »Leitmotive« genannt hat und für die er auch keine Erklärung abgegeben hat. Das immer Wiederkehrende in den »Meistersingern« macht uns dieses lange Stück auf seltsame Art kurzweilig und vertraut.

Es liegt an mir und ich habe mich vielleicht nicht richtig mit ihnen befasst, aber ich habe viele Barockopern gemieden, weil mir die Verzierungen und die Koloraturen oder das Künstliche nicht gelegen und mir aus der Dramaturgie nicht notwendig erschienen ist oder nicht bedienbar war, wie ich es als krankhafter Realist bedienen will. Die Wiederholung in der Barockoper hat mich nie gestört, wenn sie aus einer Laune oder aus einer Wut kommt und aus einem Es-nicht-anders-sagen-Können, als dass man es zehnmal sagt. Der Mensch wiederholt sich ja im Leben auch sehr oft. Es gibt Leute, die immer dasselbe sagen. Bei Gioachino Rossini sind die Wiederholungen manchmal vollkommen selbstverständlich, auch beim »Freischütz«. Man muss auch die Wiederholsucht im Menschen erzeugen, und dann ist es ganz logisch. Aber mir wäre es zu fad gewesen, bei den Barockopern diese Fioriituren zu bedienen. Connaisseur-Opern habe ich das immer genannt. Man muss sich damit befassen, dann erfasst man es vielleicht. Ich war zu faul, mich damit zu befassen. Ich habe mich anderen Sachen verschrieben.

Mir ist es einfach fad. Die großen Genies der Barockwelt sollen mir nicht böse sein. Es gibt so viel Kunst auf der Welt, dass man ruhig sagen kann: Gewisse Gebiete betrete ich nicht. Man soll dann aber über die Gebiete, die man nicht betritt, nicht urteilen, man soll sich der Kritik enthalten. Es ist eine Gemeinheit, etwas, das einem nicht schmeckt, geschmacklich zu beurteilen.

Es weht einen der Wind dahin und dorthin. Ich habe eine Periode in meinem Leben gehabt, eine kurze allerdings, in meiner Sturm- und Drang-Zeit, da habe ich nur neue Musik hören wollen. Ich habe nicht gesagt, dass sie mir gefällt, aber mich hat nicht interessiert, was schon geht oder bekannt ist. Ich wollte nur Neues hören.

Ich habe gewisse Schwierigkeiten mit Ausgrabungen von alten musikalischen Stücken. Selbstverständlich gibt es Ausnahmen, aber generell ist zu sagen, was so lange nicht bekannt war, ist meist zu Recht vergessen. Zu den Ausnahmen gehören die drei erhaltenen Opern von Claudio Monteverdi, »L'Orfeo«, »Il ritorno d'Ulisse in patria« und »L'incoronazione di Poppea«, die heute weltweit zum Repertoire der Opernhäuser gehören.

Die Glaubhaftigkeit des Komponisten ist bei neuer Musik entscheidend. Die Musik muss gar nicht schön sein, sondern adäquat der Hysterie des Stückes, adäquat dem Wahnsinn, der da unter Umständen vorgeht, oder der Komödiantik. Wenn ich verstanden habe, warum es so gesungen werden muss und nicht anders, war es mir ganz wurscht, ob es »melodisch« oder »hässlich« klang. Es war mir wichtig, das Werk zum glaubhaften Erlebnis zu machen. Es ist erstaunlicherweise gelungen, dass das Erlebnis der modernen Musik dann größer war als bei einem Meisterwerk, das mich ja eigentlich nicht mehr gebraucht hat, weil es seine Tradition von grandiosen Lösungen schon hinter sich hatte.

Was ist aber insgesamt mit der Melodie passiert? Wo ist sie hin? Entspricht sie nicht mehr unserer Zeit? Ist sie verreckt oder abgebraucht? Gibt es keine Melodien mehr oder sind schon alle verwendet?

Das Zwölftongesetz von Schönberg hat die Melodie nicht mehr ermöglicht, er wollte sie auch nicht. Und wenn man als konservativer Hörer, der sogar bereit ist, mit den Strömungen mitzugehen, in einer modernen Oper eine Melodie hört, hält man sie für gestohlen und denkt sich: So geht's auch nicht.

Wieso werden moderne Opern so selten wiederaufgeführt? Die Uraufführung einer modernen Oper ist ein aufregendes, meist einmaliges Event, während die Opern früherer Zeiten beziehungsweise ihre populärere Schwester – oder leicht missratene Tochter –, die Operette, schon wiederholungssüchtig geschrieben wurde. Man könnte jetzt sagen, die eingängige Musik ist in die Popszene abgewandert, aber auch da gibt es kaum mehr Nachsingbares. Auch hier geht die Entwicklung zum Kurzlebigen.

Ich bin dann in meiner Sturm- und Drang-Zeit ins Konzerthaus gegangen und habe Gottfried von Einem und Igor Strawinsky gehört, habe meinen Freund Gerhard Wimberger kennengelernt und bin mit ihm auch durchgetappt durch den Dschungel. Es hat mir nicht alles gefallen, aber in der Zeit haben mich Haydn und Mozart und Beethoven nicht interessiert. Komischerweise hat mich Bach auch durch diese Zeit oder gerade in dieser Zeit begleitet. Dann gab es eine Zeit, da konnte ich keinen Bach hören und habe seine Kompositionen als Schreibmaschinenmusik empfunden, bis er mir erzählt hat, wie er es meint, und da habe ich geglaubt, ich verstehe ihn oder ich beginne ihn zu verstehen. Dann bin ich ihm wieder verfallen und es war mir fad, eine Melodie zu hören. Darauf gab es eine Zeit, in der ich überhaupt nur Melodien hören wollte.

Ich bin sogar der Operette verfallen, weil ich gefunden habe, dieses zweite Geleise von »Reindl ausschmieren der klassischen Musik« hat Momente und Stellen, wo man Schmäh führen kann. Und Sentimentalität aus dem Knopfloch, das hat mir sadistische Freude gemacht – auch die Spieloper, da habe ich eine »Fra Diavolo«-Begeisterung entwickelt in meiner Inszenierung an der Volksoper in den geradezu depperten Situationen, die einen schlimmen Bubenhumor in mir geweckt haben und den ich dann auch bedient habe.

Das war eine Inszenierung, die mir, glaube ich, sehr gut gelungen ist. Ich hatte großartige Helfer, den Erich Kunz und die Judith Blegen in ihrer ersten großen Rolle. Die konnte ein liebliches Lied so singen, dass mir die Tränen gekommen sind und du nicht nachgeschaut hast, ob das Lied ein bisschen gestohlen ist oder ob es sich der Komponist sehr einfach gemacht hat. Das war gleichgültig, wenn die Blegen es gesungen hat. Man hat geweint, so gut hat sie es gemacht, und es war ein Juwel, der da plötzlich gestrahlt hat an einem Ort, den sie längst schon überflügelt hatte. Bei mir hat sie zuerst den Hirten im »Tannhäuser« gesungen und dann habe ich die Met-Leute überredet, sie für die Marzelline in »Fidelio« zu engagieren. Das ist wunderbar gelungen, und sie sang dann auch in der Met-»Fledermaus« die Adele.

Ich habe immer das Gefühl, dass Musik etwas meint, dass sie einem etwas zu sagen hat, dass man sie nicht nur hören, sondern auch verstehen soll. Ich denke da an Bruckner, wenn er ganz genaue Schritte der Harmonik bedient, aber nicht weiß, wohin es zu gehen hat, und sich geradezu genialistisch verliert und man im Konzertsaal mit ihm dämmert, an müden Tagen sogar einschläft, aber er lässt einen nicht wirklich schlafen. Es rührt sich etwas, es tut sich etwas, es fragt etwas und antwortet, antwortet ungeschickt und dann genauer, bricht aus und kann nicht anders, als in den Himmel zu juchzen. Das dauert eine Sinfonie hindurch, unterbrochen von einem Scherzo, wie es in der Musiksprache genannt wird, aber es ist alles andere als lustig, es ist ein dämonisches Scherzo, ein satanisches, es hat etwas von einem Maskenfest, von einem gequälten Hahn, in der Neunten von einem drohenden Erziehungsrhythmus.

Man hat immer etwas zu tun, wenn man Musik hört. Der Komponist hat ja auch so viel zu tun gehabt, als er es aufgeschrieben hat. Er hätte es sich viel einfacher machen können, aber er hat es sich kompliziert gemacht. Es ist ja bei jeder anderen Arbeit auch so, das Einfache fällt einem zunächst rasch ein oder man klaubt es irgendwo auf, aber dann hat man es in der Hand und hat die Verpflichtung, etwas daraus zu machen.

Ich glaube nicht, um diesen Gedanken auf das Schauspielerische zu projizieren, dass der Mensch etwas Einfaches ist, und misstraue dem selbstverständlich gesprochenen Satz. Es ist vielleicht die Lust am Darzustellenden, dass der Satz nicht selbstverständlich gesagt wird. Es ist auch die Angst, dass dieser Satz kränken könnte und man ihn böse sagt, damit man nicht sentimental wird und das Sentimentale verlogen klingt. Wenn man lügt, sollte man besonders nach der Wahrheit streben und nach dem Detail suchen, das man falsch sagt. Die großen Monologe, in denen gelogen wird, sind meistens voll von

Schilderungen der Glaubhaftigkeit, damit die Lüge geglaubt wird.

Wenn zum Beispiel Jago in Shakespeares »Othello« sich auf das Taschentuch kapriziert, nimmt er ein Detail als Wahrheitsbeweis seiner Lüge, seiner Sache, seiner Intrige und besteht darauf, dass er nur einen Traum erzählt hat, wenn er Othello einreden will, dass Desdemona untreu ist. Es ist dann ganz wichtig, dass er die große Sorge, die er für Othello vorgibt zu empfinden, hervorkehrt und ungern, sichtlich ungern die kleinen Details der Untreue anführt. Würde er das mit satanischer Freude schildern, würde ihn Othello hinausschmeißen und ihm einen Tritt geben, aber weil er den wackeren Jago vor sich hat, den Mann, der eigentlich nicht lügen kann, wird glaubhaft, dass Othello so früh der schrecklichen Eifersucht verfällt. Noch dazu, weil die Falschheit des Jago darauf beruht, dass er sich als wackerer Mann, nicht als Dämon überall beliebt gemacht hat. Ein dämonischer Jago würde nicht glaubhaft sein bei einem gescheiten Menschen.

Ähnlich ist es in »Faust«, wenn Mephisto sich dem Humor verschreibt, der Gescheitheit und nicht dem satanischen, theatralischen Getue. Dass er sich im entscheidenden Moment für das Schlechte, die Gemeinheit, entschließt, ist sein Beruf.

Bei Jago hat das verschiedene Gründe, man könnte sagen rassistische, eifersüchtige Gründe, aber im Grunde beneidet er den seiner Meinung nach zu Unrecht gefeierten edlen Menschen, den er in sich nicht vorfindet. Es ist eine Eifersucht der Rangordnung, man könnte fast sagen der Herzenswürde. In der Oper führt das zum sogenannten »Credo«, der Arie, in der er sich als Nihilist entlarvt und erklärt, dass er das Gute für blöde Schauspielerei hält und nur das Böse typisch menschlich und legitim ist: »Aus einem faulen Keime, Kot oder Staube ward ich geschaffen. Mit Fluch beladen, von Anfang an zum Schlechten geboren.« Das ist seine innere Verzweiflung in der Oper. Shakespeare lässt auch diese Rechtfertigung nicht gelten. Da ist Jago von Haus aus schlecht. Er selber glaubt aber an sich.

♪

Den großen Melodikern der Oper gelingt es immer wieder, Schreckliches in Sehnsucht zu verwandeln.

Die zum Ersticken und zum Verhungern Verdammten, Radamès und Aida, die lebendig begraben werden, singen ein Duett, das mit dem Ersticken und dem Verhungern überhaupt nichts zu tun hat, sondern die Sehnsucht nach ewigem Leben aufleuchten lässt zu einer unbeschreiblich schönen Schlussmelodie der Oper.

Rodolfo in »La Bohème« schildert mit einer herzzerreißend schönen Melodie seinem Freund Marcello den schrecklichen, den tödlichen Husten seiner geliebten Mimi. Und die Sehnsucht nach dem Überwinden und Überleben und nach einer Erlösung unterdrückt das Grauen mit dieser wunderbaren Musik.

Mit drei innigen Küssen verabschiedet sich Otello von seiner toten Desdemona, und in dieser schmerzlichen Sehnsucht nach Erlösung lässt er noch einmal die Liebesmelodie aufblühen.

Im ersten Liebesduett von »Otello« gibt es viele Farben. Desdemona und Otello erzählen sich, wie sie lieben und wie ihre Liebe entstanden ist. Sie muntern einander auf zu einer Verliebtheit, die sie ja schon in sich haben. Sie steigern sich hinein. Das geht so weit, dass er fast ohnmächtig wird und sie ihn trösten will, bis ein unbeschreibliches Verlangen nach einem Kuss entsteht. Dieser Kuss soll dann auch der letzte Kuss sein, den er ihr aufdrückt, wenn er sie ungerechterweise ermordet hat. Und auch da ist in dem Kuss und in der Sehnsucht nach noch einem Kuss und noch einem dritten Kuss die Sehnsucht nach etwas Schönem über das Sterben hinweg gedacht. Und das tatsächliche Sterben – Otello hat sich ja inzwischen einen Dolch in den Leib gestoßen – ist nur ein kleiner tragischer Anhang an diese drei Küsse, die ins Jenseits gehen.

Am Ende des Liebesduetts sehen sie ein Sternbild versinken. Fast auf einem Ton singt Otello das. Dieses Versinken der Sterne ist wie ihr Versinken im Bett der Liebe, wenn er »Vien ... Venere splende! – Komm ... Venus leuchte!« auf einem hohen Pianissimo-Ton singt. Es bedeutet pianissimo, auch wenn es nicht so gesungen wird. Das schreibt Verdi sehr oft vor, auch wenn er weiß, das kann gar nicht pianissimo gesungen werden. Aber er will keinen Brillanz-Ton, er will den Ton der Sehnsucht in der Höhe. Dann gehen sie beide langsam ab, und man weiß, sie gehen in ihre Liebe.

Verdi war schon weit in seinen Siebzigern, als er »Otello« komponiert hat, nach einer langen Schaffenspause, in der er aber das Requiem geschrieben hat. Da komponiert er – trotz Wagners Musikdramen – eine italienische Oper mit solcher Zärtlichkeit und Sehnsucht nach dem Glück, das er wahrscheinlich nicht mehr persönlich, aber auf diese Weise doch erlebt hat.

Der Tod in der Oper wird immer mit einer Sehnsucht nach einer besseren Welt verbrämt. In »Rigoletto« ist es wunderbar, wie Gilda mit einem Dolch im Herzen in einer Ungegend – in einer Ernstfallgegend, würde Doderer sagen – aus einem Sack, geborgen in den Armen ihres Vaters Rigoletto, stirbt. Da singt sie die wunderschöne Phrase »Lassù in cielo, vicino alla madre – Oben bei Gott, an der Mutter Seite …«.

Das singt sie – so habe ich immer gesagt, wenn ich es inszenierte – mit dem Dolch im Herzen als Stütze, sodass nur die Schönheit aus ihrem Mund in Form dieser prachtvollen Verdischen Phrase kommt, mit einem Piano, das nicht mehr von dieser Welt sein darf. »Oben bei Gott, an der Mutter Seite, bet' ich ewig, o Vater, für dich!« Und er, Rigoletto, mit seiner störenden Musik, will diese jenseitige Todesschönheit nicht wahrhaben. Er will, dass sie dableibt.

Sie ist so großartig komponiert, diese herrliche Musik, zu der Rigoletto kaum reden kann, weil er seine Tochter im Sterben nicht stören will. Da bedient sich das dramatische, urmusikalische Können Verdis – das sich nicht scheut, die volkstümlichsten Kantilenen zu verwenden – des Textes, sodass man, wenn man nicht immun ist gegen alles, was menschlich ertönt, die Tränen nicht zurückhalten kann.

Zögern und Nichtkönnen gehören zu den wichtigen Säulen des echten Spiels. Der Mensch ist ja den großen Gefühlen nie ganz gewachsen. Der erste Akt »Tristan« in seiner vollen Länge, aber dennoch keinen Takt zu lang, zeigt, wie zwei füreinander bestimmten Liebenden diese Liebe nicht gelingt und sie unendliche Irrwege wählen. Er geht den Irrweg der Ehre und Treue anderen gegenüber und sie den des Mordversuches.

Ich glaube, der sogenannte Liebestrank wäre gar nicht notwendig gewesen. Wenn beide rechtzeitig eine Limonade getrunken hätten, wäre der Ätna dieser Leidenschaft ebenso ausgebrochen. Dass die armen Teufel die Liebe mit dem Tod verwechseln, ist für mich wieder der Beweis dafür, dass der Mensch mit übermäßigen Leidenschaften nicht ohne Weiteres fertig wird.

Im genialen »Liebestrank« von Donizetti flößt eine Flasche Bordeaux, die ihm der Quacksalber Dulcamara verkauft hat, dem seinem Liebesgefühl hilflos ausgelieferten Nemorino so viel Selbstbewusstsein ein, dass er die hochmütige Adina zuerst einmal verblüfft und später sogar für sich gewinnt.

Da Capo

Ein Da Capo finde ich scheußlich, eine Missachtung. Eine Arie, die mit Applaus bedient wird, ist in der Oper ein Höhepunkt, der Moment, in dem man dem Stück und der guten Interpretation Beifall zollt. Ein spontaner Applaus ist dort in Ordnung. Aber dass man fordert: Jetzt mach das noch einmal, fühle das noch einmal, das macht die Oper zum Zirkus. Es war ja früher auch verboten. Ich glaube, es ist noch immer verboten, und es wird nur ein Auge zugedrückt. Aber eine Arie, die mit der Handlung zu tun hat, welche die Leidenschaft am Höhepunkt zeigt, mit gleicher Kraft noch einmal zu bringen, ist so schnell hintereinander eigentlich gar nicht möglich. Der

Sänger kann sich, wie auch bei der Liebe, nicht noch einmal bis zum Höhepunkt aufregen, dass er die Stretta glaubwürdig da capo singt. Aber er ist gut bezahlt und singt es halt zum zweiten Mal, nur damit die Leute sich freuen. Es ist auch das zweite Mal meistens nicht so gut.

Lampenfieber

Lampenfieber kenne ich nicht so wie andere, ich habe vor dem Spielen immer eine Art Erschöpfung, eine gewisse Müdigkeit. Das ist wahrscheinlich meine Form von Aufregung. Ich habe meine Regie-Premieren nicht gerne und gehe auch nicht hinein. Das ist mir unangenehm. Ich sitze an irgendeinem Monitor.

Premieren

Ich finde, nach einer Premiere sagt man jemandem nicht die grausame Wahrheit. Nach einer Premiere lobt man das, was man gerade noch loben kann, oder man geht nach Hause und sagt ihm am nächsten Tag: »Du, es liegt vielleicht an mir, aber da habe ich eine andere Anschauung.« Man redet sich auf eine andere Version heraus, und wenn einer Pech gehabt und gekiekst hat und ausgepfiffen worden ist, dann tröstet man ihn und sagt: »Mach dir nichts draus. Alles gelingt halt nicht. Überschätze den Misserfolg nicht.«

Man soll beides, den Erfolg wie den Misserfolg, nicht überschätzen. Entweder steht man hinter dem, was man gemacht hat, dann sollte man weitermachen, schauen, ob es bei der nächsten Vorstellung nicht besser ankommt und ob es bei der Premiere nur ein verhetztes Publikum war, ein versnobtes oder ein überaltertes. Das gibt es ja alles. Absprachen gibt es am Stehplatz, Vorurteile, Rumoren und Bestätigungen dessen, was rumort wurde. Es gibt so viele Möglichkeiten, eine Premiere zu stören. Wenn man dagegen ist, eine andere Einstellung hat, muss man den Blödsinn nicht mitmachen. Wenn man finanziell abhängig ist, weiß man, worauf man sich einlässt. Wenn man gegen seine Überzeugung auf der Bühne in eine Ecke scheißen muss, dann weiß man, worauf man sich einlässt.

Ich gehe nicht zu Premierenfeiern und ich gebe keine Gutachten ab, schon gar nicht, wenn ich in der Vorstellung war. Ich bewundere alles und ich entwische den entgegendrohenden Röhrln, die sich auf einen stürzen wollen, auf einem schönen Schleichweg und bin schneller als die draußen, die mich verhören wollen. Wenn sie mich doch erwischen, sage ich: »Mir gefällt alles und ich bewundere alles.« Zum Teil stimmt es auch. Ich bewundere auch, wenn etwas schlecht ist, wie die Künstler das aushalten, wie sie es durchstehen und trotzdem versuchen, und man soll mich nicht um mein Urteil fragen. Wenn es um einen Freund geht, dann kümmere ich mich am nächsten Tag mit ganz großer Vorsicht um seine Wunden. Das ist für mich selbstverständlich.

Buhen, pfeifen und Theatersachen

Man soll das Ausbuhen nicht überschätzen. Es ist nicht angenehm. Man lächelt und zuckt mit den Achseln. Was soll man da machen. Buhs sind ja doch sehr oft vereinzelt. Es gibt ewige Einzelbuher, die müsste man eigentlich hinausschmeißen.

Bernard Shaw wurde, ich glaube es war bei »Mensch und Übermensch« – man hat damals nicht gebuht, man hat mit Schlüsseln gepfiffen –, von der Galerie herunter ausgepfiffen. Darauf hat er das Publikum um Ruhe gebeten und dem Pfeifer zugerufen: »Schauen Sie, lieber Freund, ich bin ja fast Ihrer Meinung, aber was sollen wir zwei gegen das ganze Publikum ausrichten?«

Mich interessieren Gräber nicht. Ich denke jeden Tag an meinen Vater, an meine Mutter, an meine Nonna. Sie fehlen mir nach wie vor, obwohl sie alle schon weit über hundert Jahre alt wären. Aber ich gehe nicht gerne an ihre Gräber. Ich will nicht, dass sie da unten liegen. Ich habe keine Verbindung zur Leiche. Ich finde, wenn mir wer stirbt, soll er in meinen Erinnerungen und in meiner Liebe weiterleben und nicht im Grab liegen.

Deswegen interessieren mich bei großen Meistern ihre Biografien nicht. Das Wunder der Beethovenschen Musik, der Mozartschen Musik, der Bachschen Musik hat, so glaube ich, mit ihrem Leben nur unmittelbar oder kaum etwas zu tun. Dass der Bach dort sitzt mit zwölf Kindern oder ich weiß nicht wie vielen und kaum Ruhe hat, seine schwierigen Etüden und Fugen, Motetten und Passionen zu komponieren, das ist seine Privatangelegenheit, die mit seiner genialen Musik nichts zu tun hat. Dass Mozart ein Spieler und ein Hallodri war und weiß Gott was für Liebschaften entwickelt hat, launisch war, hat mit seiner überirdischen Musik keinen Zusammenhang.

43 Wiener Staatsoper 1982: Lucia Popp als Marie in »Die verkaufte Braut« von Bedřich Smetana im Bühnenbild von Rolf Langenfass

44 Metropolitan Opera New York 1983: Kathleen Battle als Zdenka/Zdenko in »Arabella« von Richard Strauss ...

45 ... und 1989: »Rigoletto« von Giuseppe Verdi mit June Anderson als Gilda und Leo Nucci als Rigoletto

166 Metropolitan Opera New York 1986: Judith Blegen als Adele in »Die Fledermaus« von Johann Strauß

167 Volksoper Wien 1989: »Eine Nacht in Venedig« von Johann Strauß mit Franz Waechter als Pappacoda und Guggi Löwinger als Ciboletta

48 Metropolitan Opera New York 1991: »Parsifal« von Richard Wagner mit Siegfried Jerusalem als Parsifal und Waltraud Meier als Kundry

Dass Beethoven sehr früh schlecht gehört hat, das kann ich in seinen Sinfonien nicht finden. Und es interessiert mich nicht. Es lenkt mich vom Genie ab. Der häusliche Schweißgeruch soll sich nicht auf die Werke legen.

Aber irgendwie spürt man bei Bach die Schwierigkeit mit den zwölf Kindern manchmal doch heraus. Und die unbekümmerte Gaunerhaftigkeit ist vielleicht ein kleiner Motor der apollinischen Heiterkeit Mozarts. Die Wohnungen, die er ständig wechseln musste, und das Nicht-hören seiner Umgebung, die Einsamkeit eines Gehörlosen in der Welt der Musik hat dann doch wohl den Ehrgeiz Beethovens für seine großen Sinfonien erweckt. Irgendwo ist manchmal so ein Kobold des Lebens mit am Werk. Nicht hauptsächlich, aber irgendwo. Ein Kobold half wohl da. »Der Flieder war's: … Johannisnacht!«, heißt es in den »Meistersingern«.

Das hat man nicht ohne Schwierigkeiten.

Ich kann heute noch, obwohl ich Italienisch so spreche, dass man mich in manchen Gegenden sogar für einen Italiener gehalten hat, kaum eine italienische Zeitung lesen, weil ich es nur mit der Mutter sprechend gelernt habe. Aber italienische Zeitungen sind auch das Pathetischste, was ich kenne. So pathetisch zu schreiben, hätte sich der Dante nie getraut.

Es war dann wieder ein Geschenk, dass ich das Italienische in mir hatte, als ich an der Metropolitan Opera in New York, an der Scala in Mailand oder sogar in Wien mit Italienern gearbeitet habe. Es ist ein Glück in ihren Gesichtern aufgeblitzt, dass der, der da vorne sitzt, ihnen nicht entgegen stammelt oder mit Händen und Füßen redet, sondern in der Sprache, die ihnen geläufig ist. Ich kann sprechen, ohne in meinem Kopf zu übersetzen.

Ich kann einfach so dahin sprechen. Es fehlen mir allerdings sehr viele Fachausdrücke. Ich kann nicht über Automobile reden, ich habe mich sogar schwergetan, über die Theatersachen zu sprechen. Ich wusste nicht, was im Italienischen eine »Gasse« am Theater ist oder ein »Hänger«. »Souffleur« habe ich gewusst: suggeritore, aber viele Ausdrücke wie »Hauptprobe«, »Generalprobe«, die kannte ich alle nicht. Zum Teil weiß ich sie jetzt.

Richard Wagner

Ich habe mir das Notenlesen beim Operninszenieren abgewöhnt, weil ich der Ansicht war, dass man als Opernregisseur die Verpflichtung hat zu hören, was die Musik meint, und das muss man inszenieren. Also entweder die Stimmung aus vielen Details erwecken, die einem das Orchester souffliert, oder die Aufregung spürbar machen lassen in dem Sänger, wenn sich in der Musik etwas rührt. Das optische Notenbild ist nicht die Aufgabe des Regisseurs, das ist die Aufgabe des Dirigenten, mit denen ich mich immer sehr gut vertragen habe, weil ich übersetzen konnte, was in der Musik gemeint war.

Ich habe die Opern fast auswendig können. Ich konnte zum Beispiel die Romerzählung, die ich auf Platten zu Hause hatte, schon auswendig, bevor ich das erste Mal den »Tannhäuser« gesehen habe. Da haben es die Sänger schwer gehabt mit mir.

Ich war immun gegen die Langeweile des oft Hörens. Mir war oft Hören nicht langweilig, im Gegenteil. Ich muss immer Acht geben, dass ich nicht nur Bekanntes gerne höre. Verwandtes würde man das noch nennen. Ich habe es gern, wenn ich die Musik kenne, die ich gerade höre. Die Wiederholung ist ja auch der Trick des großen Komponisten. Er wiederholt, damit man sich freut, dass man es schon gehört hat und dass man es anders wieder hört. Manchmal wiederholt der Komponist es auch genauso. Man merkt bei den Sinfonien oder anderen Musikstücken, wenn ein Effekt kommt und man innerlich aufjuchzt, dann hofft man, dass der gleiche Effekt noch einmal kommt. Und der geschickte Komponist – die meisten Komponisten sind halt alle neben ihrer Genialität auch sehr geschickt – macht diesen Blitzer nicht gleich, damit man sich nicht zu früh freut. Und man sagt: Aha, er kennt es und freut sich, Bekanntes noch einmal zu hören. Fast gaunerisch freut man sich.

Wenn man bedenkt, dass Wagner auch nach zwölf Stunden Musik im »Ring« einen Trauermarsch aus bereits bekannten Themen komponiert, in denen man das ganze Leid, das man in diesen zwölf Stunden ausführlich und von verschiedenen Seiten erfahren hat, noch einmal erlebt, dann ist das wie: Hast du es noch nicht begriffen? Siehst du, wie es noch wirkt? Siehst du, wie es noch schwelt? Das sind die dramaturgischen Wiederholungen. Und dann kommt der Trauermarsch der »Götterdämmerung« mit all den Schicksalsmotiven, die man schon gehört hat. Und man trauert mit Bekanntem über diesen Siegfried, der mit der Bahre weggetragen wird zum Ufer des Rheins.

Man konnte gegen Wagner komponieren oder weg von ihm, aber um ihn herum komponieren, wie Richard Strauss gesagt hat, komponieren, als ob es ihn nicht gegeben hätte, konnte man nicht. Bei großen Genies sind es ja die Fehler oder die Schwierigkeiten, die vergolden: Wenn Mozart eigentlich ein schlimmes Gedudel in sich hat und gerade daraus die gigantische, himmlische Musik entsteht, und Beethoven an seinem Talent geradezu reißt und kratzt, Schwierigkeiten hat und diese Schwierigkeiten meistert. Und wenn Wagner sich um Längen nicht kümmert, obwohl man manchmal den Text nicht mehr versteht und nicht weiß, was da vorgeht, und dann gerade diese Faszination dich in eine andere Welt versetzt. Dazu braucht es Zeit. Dazu braucht es Längen. Tristan braucht diese Qual, um so zu sterben, wie er stirbt, und so zu lieben, wie er liebt. So schwierig muss es ein, damit es dann relativ einfach ausgeht wie ein Schwank, nur: ein tragischer Schwank. Isolde will nicht wahrhaben, dass Tristan tot ist. »Mild und leise wie er lächelt, wie das Auge hold er öffnet: seht ihr's, Freunde, seht ihr's nicht?« Dann legt sie sich wie in einem Bett schlafen, neben ihm auf den Boden.

Man kann alle Kritiken über Wagner gerechtfertigt finden. Aber dann ist da Wagner, der darüber hinwegkomponiert, hinwegrauscht möchte man fast sagen, auch mit einem erfundenen, vielleicht fehlerhaftem Deutsch, wenn man vom »Ring« spricht. Bei den »Meistersingern« ist gar nichts fehlerhaft in der Sprache. Ich möchte auch gar nicht wissen, was Wagner für ein schlechter Mensch war und wie vielen Männern er die unglückliche Frau weggenommen hat. Ich finde, im Stück habe ich genug zu tun, um mitzuleiden und mitzugehen und zu zweifeln und mich zu ängstigen. Er ist halt kein Optimist, er ist einer, der träumt und von einer Welt träumt, die es nicht gibt, die es nicht geben kann und die doch fast bis ins Detail als echt geschildert wird. Es ist ein großes Wunder an Musik und Theater und wie alle Wunder ist es nicht ganz erklärbar. Es ist einfach immer anders, als man glaubt.

Man ist stimmungsgebunden, wenn man Wagner lieben will. Man ist altersgebunden, wenn man ihn lieben will. Man liebt ihn als Alter anders als als Junger. Man liebt ihn als Politiker anders als als Verzeihender. Man verzeiht ihm dann die großen Schweinereien im Leben. Ich rate, dass man sich gar nicht mit seinem Leben befassen soll. Es ist genug zu tun, wenn man sich mit seinen Werken befasst. Ist er der Steuermann? Ist er der Daland? Ist er der Holländer? Ist er der Tristan? Ist er der

Tannhäuser? Ist er die Venus oder ist er die Elisabeth? Ist er der Wotan? Ist er der Loge? Ist er der Siegfried oder der Siegmund oder hofft er einer zu sein? Ich weiß es nicht. Ich komme ihm nicht auf die Schliche und es macht mir auch nichts, dass ich ihm nicht auf die Schliche komme. Ich liebe seine menschlichen Szenen und ich finde sie immer wieder vor, ich finde auch seine Sorgen immer wieder vor.

Ich liebe eine Oper von Wagner ganz besonders und bin schon nach den ersten Takten des Vorspiels in einer anderen Welt. Es ist »Lohengrin«. Aber ich habe nie gewagt, ihn zu inszenieren. Das hat einen einfachen Grund. Der Grund heißt: der Schwan. Der Schwan, der so hinreißend angekündigt wird, mit einem langen, großartig komponierten Chor, der eigentlich nach hinten gesungen gehört, denn kein Schwan, auch in den verrücktesten Inszenierungen, kann von vorn, vom Publikum her, auf die Bühne schwimmen oder fliegen. (Ich schreibe diesen Satz mit Vorsicht, denn irgendeiner meiner Kollegen könnte da eine Idee haben. Ich wasche jetzt schon meine Hände in Unschuld.) Und dann kommt der Schwan. Ein Schwan ist ein sehr edler Schwimmer, aber dass er einen Kahn mit einem mehr oder weniger gewichtigen Sänger zieht, erscheint mir immer als Notlösung.

Wagner, in seiner grandiosen Fantasie, hat ein Manko an Gewissen, wenn es um Darstellbares oder Undarstellbares geht. In seiner Musik ist der Schwan wunderbar präsent, schwimmt in einem sagenhaften Gleiten zauberhaft daher. Das auf der Bühne adäquat darzustellen, ist nicht möglich. Es ist so ähnlich, wie wenn Brünnhilde in der »Götterdämmerung« das Pferd besteigt und in verrücktem Galopp in den brennenden Scheiterhaufen hineingaloppiert. All das ist großartig komponiert, auf der Bühne aber nicht überzeugend darstellbar. Vor allem nicht so, wie Wagner es komponiert hat. In der »Götterdämmerung« kann man noch zu einer Notlösung schreiten und Brünnhilde als verwirrte Wahnsinnige in den Scheiterhaufen rennen lassen, das Pferd nur erträumt habend.

Der Schwan im »Lohengrin« aber hat da zu sein, und viele Generationen sind fast nur des Schwans wegen in diese Oper gegangen. Die wollte ich alle nicht enttäuschen und hätte nicht gewusst, wie groß das Geflügel darzustellen ist, ohne lächerlich zu wirken.

Geniale Meisterwerke haben auch geniale Schwächen und geniale Fehler. Sie sind zu lang, zu ausufernd. Sie verlieren sich. Der Dichter verrät den Dramatiker. Es interessiert ihn plötzlich die Handlung nicht mehr. Er erzählt Sachen noch einmal, die er schon erzählt hat. Er wird unverständlich. Im großen Meisterwerkschwimmen geht dem Meister oft die Luft aus. Aber seine Erstickungsangst fördert neue Talentbrocken und neue Farben herauf. Wenn ich so spreche, spreche ich eigentlich schon von Wagners »Ring des Nibelungen«. Fünfzehn Stunden Musik, fünfzehn Stunden Texte, zum Teil nicht sehr verständliche, zum Teil sehr ausufernde, erzählerische, beschwörende, sich wiederholende. Warum erzählt jeder seine Geschichte? Weil jeder die Geschichte anders empfindet als der, der sie erzählt, und dieses neue Empfinden des neuen Erzählers zeigt den Zustand der Welt, in der dieses Weltuntergangsstück ständig rotiert.

Gleich am Beginn im »Rheingold« das schönste Fließen der Musik. Es übertrifft geradezu das Fließen des Rheins. Es ist eine Komposition, die dem Fließen so gerecht wird, dass die

Barkarole von Offenbach erröten müsste. Und Smetanas Moldau vor Neid erblassen. Dann geht ein Vorhang über einem Wasser auf, und es singen drei bezaubernde Nymphen – oder was immer sie sind – unter Wasser. Es wird unter Wasser gesungen. Ein grober Fehler. Ohne die groben Märchenfehler zu verzeihen, kommt man dem »Ring« nicht nahe. Man muss so verzeihen, wie man dem Grimmschen Märchen verzeiht, wo ein Wolf sechs Geißlein frisst.

Im »Faust« muss man auch glauben, dass aus einem Pudel plötzlich ein fahrender Scholast schlüpft, der sich dann als Mephisto vorstellt. Ein, wie er sagt, zweitrangiger Teufel: »Wenn sich der Mensch, die kleine Narrenwelt, gewöhnlich für ein Ganzes hält«, und: »Ich bin ein Teil des Teils, der anfangs alles war.« Aus diesen Märchen blitzen die Wahrheiten, blitzen die Echtheiten, blitzt die Liebe, blitzt die Gier, blitzt der Kapitalismus. Das Goldraffen, das Golderzeugen, das Goldschmelzen. Und die Schwierigkeit der Liebe. Die verbotene Liebe sucht sich ihr Recht.

Mich begeistert an Wagner immer, dass dieser gewaltige Pathetiker, der schon mit dem ersten Ton in ein Pathos ausbricht, die Menschensituation nie außer Acht lässt, die einem dann wie ein Juwel aus dieser rauschenden Umgebung entgegen leuchtet. Das geht vom komödiantischen Ausrutschen des Zwerges Alberich, der über die glitschigen Felsen hinaufklettert, bis zu dem Moment, wo das Gold zu leuchten beginnt. Oder vom Erwachen des Wotan, wenn er seine Burg Walhall zum ersten Mal sieht. Oder wenn der betrogene Riese zu Wotan sagt: »Ein dummer Riese rät dir das: du Weiser, wiss' es von ihm!« und ihm plötzlich entgegen quatscht: »Was du bist, bist du nur durch Verträge.« Die Verträge und das, was der

Glanz kostet, den der adelige Wotan, der sogenannte Herrscher der Welt, sich erdacht hat, die Verträge, die er mit den Riesen, die bauen können im Gegensatz zu ihm, der nur anschaffen kann, sie sind es, die den Herrscher in Schwierigkeiten bringen. Denn die tumben Arbeiter wollen auch am Glanz teilhaben, wenn sie schon nicht bezahlt werden, und nehmen sich die Erzeugerin des goldenen Obstes, Freia, als Pfand, die Göttin, die die goldenen Äpfel der Jugend und der Schönheit in ihrem Garten hegt. Damit beginnt das Dilemma in dieser Oper. Ein Dilemma, das bis zum Schluss nicht gelöst wird, auch weil es sich nicht lösen kann.

Es ist eigentlich das Dilemma unserer Welt: der zu teure Glanz, die zu teure Arbeit und die Unfähigkeit, ewig jung zu bleiben. Und in Wotan, vielleicht der menschlichsten Figur des ganzen »Rings«, vereinigen sich sämtliche Sorgen des Menschen: die Sorge um die Liebe, die Sorge um die Treue. Er glaubt an den Vorrang der Liebe gegenüber der Treue. Das geht bis zum Ehebruch, den er mit einer seltsamen Weltfigur begeht. Also es ist keine »Katz«, der er verfällt, sondern ein weises Urwesen-Weib: Erda. Zu diesem Ehebruch treibt ihn seine Sehnsucht, sich im Ewigen zu verankern. Erda schenkt ihm ein hochbegabtes Mädel, Brünnhilde, seine Tochter. Ein unbekanntes Mädchen aber schenkt ihm ein Zwillingspaar, ein menschliches Zwillingspaar, das mit dem Göttlichen vorerst gar nichts zu tun hat. Den Buben holt er sich als Begleiter, der zum wilden Jäger wird. Als Wölfing und Wolfe, wie sein Pseudonym und das seines Sohnes heißen, ziehen die beiden durch den Wald. In Wirklichkeit heißt der Wölfing Siegmund und seine Schwester ist Sieglinde, die in eine schreckliche Familie zwangsverheiratet wird. Warum, erfährt man nicht so genau.

Da bleiben viele Geheimnisse ungelöst und sind dem Dramatiker Richard Wagner nicht wichtig genug, um genau geklärt zu werden. Auch die Mutter der beiden wird namentlich nicht erwähnt, die müsste man in irgendeiner Edda erforschen.

Hier bin ich schon im Ersten Abend des »Rings«, in der »Walküre«, das »Rheingold« ist ja nur ein Vorspiel, bin schon mitten im Menschenstück. Im menschlichsten Stück des ganzen Ringes und auch im erfolgreichsten Teil. Jede Gesamtproduktion des »Rings« wird mit der »Walküre« eröffnet. Das hat Publikumsgründe. Wagner, der Erfinder der »ewigen Melodie«, der seine Opern nicht nach Nummern geschrieben hat, ist der Nummerierung trotzdem nicht entgangen. Es gibt den Schwertmonolog in der »Walküre«, es gibt den Walkürenritt, es gibt Wotans Abschied, in »Siegfried« gibt es das Schmiedelied, in der »Götterdämmerung« den Trauermarsch, »Winterstürme« in der »Walküre« und so weiter und so fort. Alle diese Nummern wurden schon lange vor den Uraufführungen gedruckt, gespielt und in Klavierabenden dargeboten.

Erwarten Sie jetzt nicht von mir, dass ich Ihnen diese ganzen fünfzehn Stunden vorerzähle. Ich rate Ihnen, zuerst die Texte genau durchzulesen und sich dann diese unbeschreibliche Musik anzuhören. Und haben Sie mit den Aufführungen Geduld und Nachsicht. Es kann nicht alles gelingen, was der unerbittliche Forderer Richard Wagner sich von seinen Aufführungen und seinen Sängern erträumt hat.

Den Schwur, den »Ring des Nibelungen« von Richard Wagner nicht zu inszenieren, habe ich gebrochen, und daran ist James Levine schuld. Er war in Not und wir hatten uns inzwischen sehr befreundet, künstlerisch befreundet, das zählt mehr als das

Private. Er war überzeugt, wenn überhaupt jemand, dann kann ich es so, wie er es möchte. Er hat mir geschildert, wie er es möchte, und das mochte ich schon lange so.

Ich habe mich dem Mammutwerk auf zwei seltsamen Wegen genähert. Der eine war: Wo kann das spielen?, der andere: Was sind das für Personen, die da auftreten?

Der zweite Weg erschloss sich mir relativ schnell. Ich bin im »Ring« nur auf Szenen gestoßen, die menschlich waren, die von menschlichen Schwächen berichten, von politischen Unfähigkeiten, von Zornanfällen, die an der richtigen Stelle ausbrechen; von Sünden, die keine Sünden sind, weil die Liebe über die Sünde hinwegschwebt; von einem Vater, der Abschied nimmt von seinem Mädchen; von einem jungen Burschen, der zum ersten Mal mit dem Körper einer Frau in Verbindung tritt, der das Fürchten lernt, weil er ein Mädchen vor sich liegen sieht, der übermütig ist, unbedacht, Riesen tötend, Ungeheuer schlachtend, böse Zwerge niedermetzelnd, und plötzlich das Fürchten lernt, weil die Erotik sich meldet. Das alles erschien mir ganz natürlich, in einer gehobenen Sprache gedichtet und von einer in dieser Sprache natürlich klingenden Musik erfüllt. Jedes Pathos in der Sprache Wagners dient dazu, Musik zu fordern. Und diese Musik schenkt er sich selber, und jedes »Hojotoho!« oder »Winterstürme wichen dem Wonnemond« wird zu einem natürlichen Jubel oder zu einem Liebeslied im richtigen Moment.

Diese Begeisterung für die Natürlichkeit war mir für die Gestaltung der handelnden Personen, seien sie Menschen oder Götter, der richtige Teppich.

Der erste Weg aber war: Wo spielt das? Wagner schreibt fast für jedes Bild im »Ring« das Wetter vor: Stürmisch. Nebelig.

Dumpf. Immer wieder hat das Wetter eine große Bedeutung. Wahrscheinlich ist Wagner sehr viel erst eingefallen, als er in der Schweiz durch das Gebirge marschiert ist, so schreibt er zumindest.

Also verlangten wir Schwierigen, der Bühnenbildner Günther Schneider-Siemssen und ich, für unsere Met-Produktion ab 1986 etwas, das dieses Wetter romantisch wiedergeben kann. Schneider-Siemssen hatte eine ungeheure Vielfalt von Projektionen, Filmen und was weiß ich – ich habe gar nicht nachgeforscht und mir das nur im Endzustand vorspielen lassen. Es war großartig, er hatte viel Neues erfunden, hatte Apparate bestellt und konstruieren lassen. Ich war überrascht, was es alles gibt auf diesem Gebiet. Dann ging es darum, wie sich etwas verwandeln kann, wie man schon im »Rheingold« offen verwandeln konnte von einer Götterburg in die Nibelungenwelt. Die Götterburg musste meiner Ansicht nach sichtbar sein, weil es darum geht, dass der Aristokrat Wotan sich verschuldet und für seine Frau Fricka aus schlechtem Gewissen eine riesige Burg errichtet. Das waren alles sehr menschliche Gefühle. Also musste die Burg her, sie musste aber versinken, und die Unterwelt, eine Hölle für Arbeiter, musste herauf.

Dann hatte ein Drache zu erscheinen, ein kleiner zunächst, der große war ein zweites Problem. Es gab nur Schwierigkeiten, und wir verlangten von uns, dass alles das romantisch und bedrückend, erschreckend und aufjubelnd gemacht würde, und erzählten uns die Geschichte immer wieder, wie sie Wagner vorgegeben hat.

Zum Schluss der »Götterdämmerung« musste alles brennen. Fünfzehn Minuten lang muss das Bühnenbild den Brand einer Burg zeigen, das Aufsteigen des Rheins, der alles überschwemmt, das Versinken des Rhein-Wasserfelsens und gleichzeitig im Hintergrund das Zusammenstürzen von Walhall, wo die Götter sitzen. Man erfährt es, gesehen hat man die Götter bei uns nicht, man weiß aber, dass sie verbrennen in einem Weltuntergang, bis dann ein Licht erscheint, eine Sonne aufgeht und in die Zukunft scheint.

Die »Götterdämmerung« endet optimistisch. Es dämmern die Götter, die nichts mehr wert sind, und es kommt ein Licht, von dem man nicht weiß, was es bringt, aber es ist eine neue Sonne. Eine Sonne der Vernunft vielleicht. Eine Sonne der Liebe vielleicht. Die Musik klingt jedenfalls so, und die überlebenden Menschen schauen in dieses Licht.

Das haben wir bedient mit neuen Apparaten, mit Licht, mit Maschinen. Wir schonten

»Prospekte nicht und nicht Maschinen,
Gebraucht das groß' und das kleine Himmelslicht,
Die Sterne dürfet ihr verschwenden,
An Wasser, Feuer, Felsenwänden,
An Tier und Vögeln fehlt es nicht.«

So sagt schon Goethe im Vorspiel zu »Faust«, den ich ja nicht inszeniere. Aber da war viel von meiner »Faust«-Sehnsucht in der Arbeit mit dem wunderbaren Dirigat von James Levine. Wir hatten gar keine Diskussion mehr, es war einfach gelungen.

Die Sänger waren zum Teil großartig, aber alle, auch die nicht großartigen, waren so bei der Sache, dass das Publikum kapierte, was gemeint war, und so schön es war, so wahrhaftig war es auch.

Zum Schluss brach nach der »Götterdämmerung« irrsinniger Jubel im Publikum aus. Die Zuschauer sprangen auf und jubelten lauthals, was nach sechs Stunden immerhin erstaunlich war.

Auch die Kritik war sehr, sehr gut, und die Inszenierung wurde dreißig Jahre lang gespielt, in immer wieder anderen Besetzungen und von großartigen Regieassistenten mit meinen Bemerkungen, die ich bei der Probe machte und die sie benützt und zitiert haben, immer wiederhergestellt.

Wie weit das gelungen ist, habe ich natürlich nicht beurteilen können, aber das Werkl hat funktioniert, und zwar durch die Schwierigkeiten. Ohne Schwierigkeiten wäre es nichts geworden.

Wagner komponiert ja – wie Richard Strauss übrigens auch und Verdi und Mozart, aber Wagner besonders – Blicke, er komponiert Verlegenheiten, komponiert selbstverständlich Zorn, aber auch Ironie und Lächeln, Umarmungen, Kämpfe selbstverständlich, Sprünge, das alles ist in der Musik vorgegeben. Man muss ein Ohr dafür haben, ein Ohr für die Musik und die Anweisungen, die die Musik gibt, und die Gefühle, die die Musik vorschreibt. Manchmal sind da lange Pausen, bevor einer antwortet. Dann geht etwas vor in den Menschen, eine Überlegung, ein Nachdenken, eine Sorge. Das ist komponiert von Wagner.

Auch im »Figaro«-Finale des ersten Aktes ist von Mozart jede Blamage des Grafen, jede geschickte Verlogenheit von Figaro, jedes neue Aufbrausen von Schwierigkeit, von dramatischer Angst genau vorgeschrieben in der Musik und so zu bedienen. Wenn das wirklich so gesungen und gespielt wird, ist »Le nozze di Figaro« ein aufregendes Stück. Wenn das nur dahingesungen wird, ist es auch etwas, aber eben nur ein Konzert. Es bleibt immer sehr viel übrig bei Mozart, auch wenn er nur gesungen wird. Aber das große, packende Erlebnis ist es erst, wenn das Gesungene richtig bedient wird. Figaros »Se vuol ballare, signor contino – Will der Herr Graf ein Tänzchen wohl wagen?« ist so, in der alten deutschen Fassung, neckisch übersetzt. »Signor contino« heißt »das Gräflein«. Der Italiener ironisiert den Titel, während die Übersetzung das Tänzchen ironisiert. Aber bei Figaros »ballare« böllert es geradezu und sein »signor contino« macht »das Gräflein« herunter – da spürt man das Heranbrausende der Französischen Revolution. Da wirft die Guillotine ihren Schatten voraus, und das ist auch so komponiert. Mozart weiß auch, wo es dämmert.

Die Wiener Philharmoniker

Meine Sucht, der Musik auf die Schliche zu kommen, war schon sehr früh da. Da ich keine musikalische Grundausbildung habe, musste ich bereits das Mitlesen mühselig lernen.

Ich bin mit meinem Gehör nicht zufrieden und möchte viel mehr hineinhören können in das, was mir der Komponist vorgaukelt oder vorschreibt oder vormusiziert. Mich interessiert die liebliche Oberstimme nicht so sehr wie das Fachwerk, die Kompliziertheit, das Wettstreitige, das Gegeneinander, der Kontrapunkt, die Qual und die Erlösung, Dazu möchte ich einen Zugang zum Notenbild haben. Ich wäre gerne so musikalisch, dass ich eine Partitur wie ein Buch lesen könnte. Ich bin nicht einmal fähig, der Partitur immer zu folgen, wenn ich das Musikstück höre. Ich gestehe, dass mir am Anfang meiner Partiturübungen beim Mitlesen in einem Konzert ein paar Seiten übrig geblieben sind. In meinem Ehrgeiz, es dem Komponisten recht zu machen, zu verstehen, warum er sich so geplagt hat, warum er sich so plagen musste, ertappe ich mich oft selbst dabei, dass mir der Atem ausgeht und ich wie der Ochs vorm Berg stehe.

Ich habe ein Abonnement bei den Wiener Philharmonikern, ein Orchester, das ich seit meiner Kindheit fanatisch liebe. Ich hatte schon im Krieg ein Abonnement, es gab durchgehend Konzerte bis zum Schluss mit Clemens Krauss, Wilhelm Furtwängler, Hans Knappertsbusch, um nur ein paar zu nennen.

Clemens Krauss (oben), Hans Knappertsbusch (unten links) und Wilhelm Furtwängler

Wenn ich heute zu unseren Sitzen im Musikvereinssaal nach vorn gehe, bin ich vom Grüßen sämtlicher Bekannter, die mit mir gemeinsam in diesen Konzerten uralt geworden sind, vom Zulächeln und Zunicken schon etwas erschöpft. Im herrlichen Goldenen Saal mit der überirdischen Akustik sind die Sitze vom hoffentlich schon verstorbenen Entwerfer quälerisch unbequem ausgeführt worden.

Der Samstagnachmittag, nach den reichlichen Mittagessen im Hause Landesmann, eine Art Jour fixe, gehört zu den ermüdendsten Zeiten, Gezeiten würde ich fast sagen, der Woche. Endlich auf unseren Ecksitzen angelangt, muss ich ungefähr zwölfmal aufstehen, weil sämtliche Inhaber der Mittelplätze später kommen. Zuletzt kommt der Inhaber des Mittelsitzes. Dass es da meinen geliebten Philharmonikern gelingt, mich immer wieder jeden Schlaf vergessen zu lassen, dass ich geradezu mit Gänsehaut fast zu Tränen hingerissen werde, das zählt wohl zu den größten Wundern. Gibt's dann womöglich noch einen Dirigenten, bei dem sie noch um ein Euzerl genialer spielen, blasen, trommeln und zupfen, dann weiß man, warum man beschlossen hat, gemeinsam auf diesen unbequemen Plätzen alt zu werden. Und es wird ja nicht besonders auffallen, wenn man mit Stock oder Krücke auf sein Platzerl wankt. Das Lächeln und Zunicken wird dann ein bisschen säuerlich wirken, und hören muss man sowieso nicht alles.

Später hatte ich das Glück, mit den Wiener Philharmonikern zusammenzuarbeiten.

Ich finde, die Wiener Philharmoniker haben ein Talent dazugewonnen. Sie waren immer das sanfte, schönklingende Orchester und haben auch manche Komponisten ein bisschen gemieden. Sie haben lange nicht Mahler gespielt oder lange nicht Strawinsky, aber da hat sich viel geändert. Inzwischen können sie die diabolischen Stellen, die wilden Stellen, die kreischenden Stellen mindestens ebenso gut wie die philharmonisch schönen Klangstellen. Es gibt natürlich Orchester, die sich spezialisieren. Von denen will man gar nicht hören, was sie nicht so gerne spielen. Es gibt auch Musikstücke, wo der schöne, gerade Ton einer Klarinette gar nicht verlangt wird und bei denen man den französischen, näselnden, etwas schärferen Ton braucht, der gegen den schönen Ton siegt, in einem Stück, in dem der Komponist ihn schon gehört hat oder zu hören geglaubt hat, während er ihn komponierte.

Es gab Zeiten, in denen der Komponist nicht der Instrumentalist war. Modest Mussorgski zum Beispiel wurde von anderen instrumentiert. Leonard Bernstein hat auch in der »West Side Story« nicht selber instrumentiert. Er hat eine Fassung für ein Particell geschrieben mit gewissen Wünschen und hat reingeredet, aber er hat nicht die Instrumente aufgeschrieben.

Auch bei den Operetten gab es eine Arbeitsteilung. Man muss sich das vorstellen, wie die Bilder von Rubens entstanden sind, wo einer die Landschaften gemalt hat, einer den Himmel und die Gesichter und die Hände. In Wien gibt es einen Entwurf von Rubens, der hat eine ganz andere detaillistische Qualität oder einen ganz anderen Schwung als das mit Hilfe der Rubens-Werkstatt fertig gestellte Original. Beim großen Bild geht mir bei Rubens sehr oft die Werkstatt auf die Nerven. Aber das ist auch ungerecht, weil viele große Künstler mit Werkstätten gearbeitet haben. Hieronymus Bosch hat zum Beispiel einen Mitarbeiter gehabt, der ihm hie und da ein Gespenst hineingemalt hat.

Einen besonderen Platz nehmen die Schlagzeuge ein. Sie sind auffällige Uninstrumente, könnte man sagen. Sie peinigen die Musik oder wirken zerstörend oder absichtlich störend oder rhythmisierend drohend. Sie haben eine eigene Funktion. Lustig kann ein Horn sein. Ein falscher Ton, der absichtlich falsche Ton, oder der misslungene Ton, wenn Siegfried im »Ring des Nibelungen« zum ersten Mal sein Horn zu blasen versucht, ist immer ein Lacher.

Es wird aber bei Musik nicht gerne gelacht. Dazu ist man zu sehr mit dem Hineinhören beschäftigt. Beim Lachen hingegen muss man unschuldig dasitzen und der Lacher muss einen treffen. Bei Musik hört man zu, und es hat immer noch etwas Weihevolles, wenn man einen Konzertsaal betritt. Leider ist dieses selbstverständliche Zuhören, mitmachend zuhören, verloren gegangen, das ist in die Popszene abgewandert oder inzwischen auch schon wieder ritualisiert worden. Da heben die Zuhörer die Hände und paschen im vermeintlichen Takt dazu, dabei ist es ja oft viel komplizierter gedacht, auch im Pop komplizierter gedacht als diese Wischiwaschi-Begeisterung.

Ich habe gestern bei einer Ehrung einen Klarinettisten mit einer modernen Jazznummer gehört. Das war so genial gespielt und so genau in alle Richtungen erzählt und variiert, dass man fast gedacht hat, der bläst Bach. Ich bin ein völlig ungeschulter Zuhörer im U-Bereich, aber der hat mich plötzlich mit unbeschreiblicher Variationskunst verführt und ich habe geglaubt, ich höre Musik, wo ich Musik nicht erwartet habe. Das Stück war mir unbekannt und ich war auch gar nicht bereit dafür. Ich würde gerne seinen Namen nennen. Das war wirklich ein Erlebnis.

Hörner sind mit unseren Wiener Mensuren besonders gefährdet. Die Mensur, so heißt die Blasöffnung, erzeugt einen besonders romantischen, vollen Klang: den des Wiener Horns. Wenn der Ton gelingt, ist er unnachahmlich schön, voll oder seltsam, aber es ist gefährlich für den Musiker. Die Mundstellung muss ganz genau stimmen und sich dieser großen Mensur anpassen, die Luftmenge genau bemessen, glaube ich. Ein Hornist wird diese Sorge mit Gänsehaut genau schildern. Es sind auch die für Fehler anfälligsten Instrumente, es kann daneben gehen, auch ganz ohne Schuld des Musikers. Es kann am Wetter liegen, an der Feuchtigkeit oder an der Trockenheit. Man sieht oft, wie die Musiker ihre Instrumente bei längeren Opern geradezu ausschütten: das Kondenswasser, das sich ansammelt. Und der Fehler des Hornisten ist für jeden Laien hörbar.

Ein Bratschist oder ein Geiger kann während des Trauermarsches ganz ruhig »Hänschen klein« dazu spielen und nur ganz gewiefte Zuhörer würden sagen: »Was ist denn da los? Was spielt denn der?« Aber ein Laie würde nach wie vor seine halbgeschlossenen Augen nicht aufmachen und durch die Stelle weiter dämmern, während er beim leisesten Gikser des Horns sofort kennerisch aufschreckt und meint: »Das Orchester ist heute aber nicht in Form.«

Das Neujahrskonzert meiner geliebten Philharmoniker ist das am schwierigsten zu dirigierende Konzert und vielleicht der entscheidende Prüfstein, aus jeder eventuellen Mördergrube der einzelnen Philharmoniker ein liebendes Herz zu formen.

Die Orchestermitglieder sind mit diesen Melodien und Stücken aufgewachsen, sie kennen jede Schwingung und stehen unter ungeheurer Spannung wegen der weiten Verbreitung dieses geliebten Konzerts. Und dann steht einer vor ihnen und kann nur kleine Akzente setzen, um diese gewieften Herren neu zu begeistern, eine Laune zu erhalten, die sie bereit sind zu haben, einen Schwung anzureißen und gleichzeitig zu genießen, zuzuhören und einzugreifen in den retardierenden und beschleunigten Minuten, die sie alle mithüpfen und mitsingen.

Georges Prêtre

Das kann auf die verschiedensten Arten geschehen. Schon bei Clemens Krauss glaubte man, dass er nicht dirigiert, Prêtre hat nur genossen, Karajan und sogar Kleiber haben singend dirigiert, mit den Händen singend. Karajan hat dieses Konzert mit den offensten Augen seiner Laufbahn dirigiert, fast wie ein Geschenk – ich habe ihm das noch selber sagen können.

Der Wiener Walzer ist ein seltsames Wunder. Unten ist das berühmte m-ta-ta, das durchgeht. Darüber spielt sich aber unendlich Verschiedenes ab, lange Melodien, marschähnliche Passagen, Verharrendes, Beschleunigendes und darunter dieser seltsame wienerische Pulsschlag, one, two and perhaps three. Wenn man Takt schlägt, ist der Walzer kaputt. Wenn man nur die obere Melodie führen will, wird es schmalzig, weil der Herzschlag im Bass ins Stocken kommt. Es ist ein seltsames Wunder, das auf verschiedene Art im Neujahrskonzert zustande kommt. Mich freut es sehr, dass die Dirigenten wechseln, obwohl ich den Georges Prêtre noch einmal hören möchte, und verzweifelt bin, dass es Karajan und Kleiber und sogar den Clemens Krauss nicht mehr gibt.

Das Fachurteil der übermüdeten Musiker hört sich manchmal befremdlich an. Den Namen meines Zweiten Geigers habe ich leider vergessen. Er war insofern ein echter Österreicher und

Wiener, als er aus Tschechien stammte. Seine Augen waren fast immer halb geschlossen, und sein Mund hatte vom unterdrückten Gähnen etwas seltsam Gelähmtes. Man hatte das Gefühl, wenn er über Musik sprach, dass er es widerwillig tat und seine Sprache von ständigen Seufzern überlagert war:

»Wissen S', die Komponisten! Der Mozart, a begabter Bursch, ist wahrscheinlich zu früh gestorben, sonst hätt er nicht uns armen Zweiten Geigern die unendlich vielen kleinen Noten aufgepimpert. Nach manche ›Figaros‹, kann ich Ihnen sagen, mecht ma mit der linken Hand am liebsten nach Lourdes fahren. Der Haydn hat, Gott sei Dank, keine Opern erfunden, außer der Harnoncourt macht sich wichtig. Überhaupt geht an manches von dem guten Mann auf die Nerven, was er nur wegen hündischer Kriecherei vor dem alten Esterházy komponiert hat. Teilweise für Instrumente, die man heute nur beim Tandler kriegt, das sechssaitige Bariton zum Beispiel. Jede Woch'n a neue Sinfonie mit austauschbaren Sätzen, bis sie da auf etwas stoßen, das Sie sich endlich merken können. Weil eins wie's andere ist, müssen S' fast so alt werden wie er. Bitt schön, ein Highlight ist ihm gelungen, die Hymne, die haben uns gleich die Deutschen g'fladert, anschließend der Hitler, mir haben jetzt ane, die sich keiner merkt. Die Deutschen sind da nationalsozialistisch nicht so heikel. Wenn a deutsches Fußballmatch ist und die deutsche Hymne ertönt, sing ich immer noch ›Gott erhalte Franz, den Kaiser‹.

Im Nachmittagskonzert bei den Philharmonikern schlaf ich immer bei Bruckner. Nach einer Fünften oder Siebenten hab ich das Gefühl, ich bin um zehn Jahre älter geworden. Wenigstens hat er nicht so viele kleine Noten. Ja, ›der Musikant Gottes‹ haben sie ihn getauft. Wann man die Geduld von Gott hat, steht man die Sachen leichter durch.

Wissen S', was mich beim ›Ring des Nibelungen‹ von Wagner so stört: dass die Zwerge so groß sind und die Riesen relativ klein. Wir Geiger hören bei Wagner nur die ganz lauten Sänger und von denen verstehn ma kein Wort. Wir leben von der Hoffnung, dass ma mit ihnen zusammen sind. Nach sechs Stunden ist uns das auch schon wurscht. Aber irgendeine asiatische Wirkung dürfte das Ganze ja doch haben, obwohl man vom Text nicht viel mitbekommt. Es rauscht das Ganze über das Publikum hinweg und versetzt es in eine seltsame Trance, und man bekommt mit, worum's geht. Man kann sich den Wagner angewöhnen, aber man kann sich schwer den Wagner wieder abgewöhnen. Wenn man nach einem Wagner in eine andere Oper geht, kommt sie einem a bissel dürftig vor. Man hat das Gefühl, die Direktion hat ein paar Musiker entlassen. Ganze Instrumente und Instrumentreihen von Blechbläsern sitzen auf einmal nicht mehr da. Dann bleibt einem nur mehr der Richard Strauss übrig, da rauscht's wieder. Na ja, er hat ja, wie er selber sagt, um den Wagner herumkomponiert. Seit neuester Zeit fliegen manche auf Monteverdi. Ein bekannter Kapellmeister aus Zürich hat gesagt, in Zürich gibt's zweierlei Sänger, die mit Stimme singen Verdi, die ohne Stimme Monteverdi. Ganz recht hat er ja nicht. Es gibt auch Sänger, die Verdi ohne Stimme singen.

Bei der modernen Musik tu ich mich persönlich leichter, weil ziemlich wurscht ist, was ma spielt, und nur ganz seltene Maestri haben die Klavierstimmerohren, dass sie hören, ob's richtig ist. Von vorne gesehen oder gehört, sagen mir gewisse Freunde, soll's ja interessant sein. Wann sie drin sitzen, mittendrin im Orchester, kennt man sich nie richtig aus. – Bin a großer Freund von Schubert. Unbeschreiblich schene Melodien, dann kommt der letzte Satz, da hat man das Gefühl, man muss die Eltern verständigen. Vielleicht nicht so natürlich bei der großen C-Dur, da ist ihm allerhand gelungen. Ich versteh schon, dass er sich nicht getraut hat, die Unvollendete zu End zu komponieren. Die Erste, Zweite, Dritte hört man eh fast nie, erst die Vierte und Fünfte. – Den Beethoven hab ich immer bewundert, wie der aus dem englischen Pausenzeichen ta, ta, ta, ta a ganze Sinfonie zustande gebracht hat, zumindest die wilden Sätze. Vielleicht hat ihm das Nichtmehrhörenmüssen durch die Schwerhörigkeit über die Hürden geholfen.

Warum der Brahms nach Wien gekommen ist, hab ich nie verstanden. Das nordische Gejammer, Ächzen und Stöhnen in seinen Sinfonien hätt, glaub ich, besser nach Hamburg gepasst. Aber er hat seine Anhänger.

Erstaunlich ist auch, was der Bach zum Beispiel bei seiner Schreibmaschinentechnik für Wunder zustande bringt, wenn man ihm auf die Schliche kommt. In der ›Matthäuspassion‹ gelingen ihm sogar einige Operneffekte. Er hat allerdings in den Konzertmusiken auch verdammt viele kleine Noten. Gott sei Dank bleiben wir von ihm größtenteils verschont, weil die Dirigenten nicht wissen, was sie damit machen sollen, es ändert sich ja meistens nichts im Tempo. Wenn sie Bach dirigieren, schaun s' noch überflüssiger aus. Der Dirigent, der einem alles vorpinselt, was eh schon bei uns in den Noten steht, kann einem ganz schön auf die Nerven gehen. – Wir Zweiten Geigen müssen ihm, Gott sei Dank, nicht so viel ins Gesicht schauen. Aber es gibt große Maestri, die lassen einen in Ruhe. Der Richard Strauss soll angeblich gesagt haben, die linke Hand gehört mit dem Daumen im Uhrtaschl verankert, und außerdem hat er behauptet: ›Das Schwerste an der Musik ist ein gut sitzender Frack und das Beste an der Musik ist a Krügel Bier nachher.‹ Das Musikverständnis dieses großen Meisters war mir immer oberstes Gebot, allerdings zum gut sitzenden Frack hab ich's bis heute noch nicht gebracht. Leider kann ich den Daumen bei meinem Beruf nicht ins Uhrtaschl stecken, weil mir sonst die Geigen herunterfallen mecht.«

Wie ernst der arme, leidende Mann das alles gemeint hat, ist mir nie klar geworden. Er war trotz aller Zweifel ein wunderbarer Musiker. Und wenn er in seiner Freizeit mir was vorgegeigt hat, dann hatte er zur Musikalität eine direkte Herzensverbindung. Was sie reden, die Musiker, ist wurscht, spielen tun sie sowieso.

49 Metropolitan Opera New York 1992: »Elektra« von Richard Strauss mit Hildegard Behrens in der Titelrolle und Bernd Weikl als Orest

50 Metropolitan Opera New York 1993: Gabriela Beňačková in der Titelrolle von Antonín Dvořáks »Rusalka« …

51 … und Karita Mattila als Eva mit Francisco Araiza als Walther von Stolzing in »Die Meistersinger von Nürnberg« von Richard Wagner

RECHTE SEITE:
52 Metropolitan Opera New York 2006: Anna Netrebko als Norina und Mariusz Kwiecień als Dr. Malatesta in »Don Pasquale« von Gaetano Donizetti

53 Wiener Staatsoper 2005: Anna Netrebko und Rolando Villazón in »L'elisir d'amore« von Gaetano Donizetti

»Meine« Dirigenten

Mir ist vollkommen unverständlich, wie man es schaffen kann, Dirigent zu werden. Ein Klavierspieler kann sieben Stunden auf seinem Instrument üben, ein Geiger fängt mit seinem vierten Lebensjahr an zu geigen, und so geht es Musikern, Artisten, ja sogar Schauspielern. Wo übt ein Dirigent? Wo tritt der Zufall ein, dass er vor einem Orchester stehen kann, und wann findet er das Mitleid von hundert professionellen Musikern, wenn er noch nichts kann? Wieso verlangt man von einem jungen Burschen, der sicher sehr musikalisch ist, der das Werk studiert hat, hundert alte Hasen, die das Stück womöglich schon hundertmal gespielt haben, zu faszinieren? Und wann kommt der Moment, wo der Dirigent nicht mehr auf dem Prüfstand steht, sondern durch seine Erscheinung, sein Auftreten und seine Autorität sich selbstverständliche Unarten leisten kann?

Ein junger Mensch darf nicht mit geschlossenen Augen dirigieren wie der geniale Karajan, und minimalste Zeichengebung wie von Karl Böhm lässt sich ein Orchester von keinem Anfänger gefallen. Das undeutliche Schlagen, eine Eigenschaft von Furtwängler, würde jedem Jungen zum Verhängnis werden. Der große Carlos Kleiber hat mir von ungeheuren Schwierigkeiten erzählt, als er ein ungewöhnlich rasantes Tempo durchsetzen wollte. Bis die Musiker es begeistert gespielt haben, bedurfte es der dämonischen Kraft, die Carlos Kleiber aufbrachte. Wäre er auf weiteren Widerstand gestoßen, hätte er alles hingeschmissen, was er manchmal getan hat.

Wie ein Klangerlebnis hervorgerufen wird, gehört zu den großen Geheimnissen des Dirigierens. Wie sie am Klang arbeiten und ihn formen, bin ich ihnen noch nicht auf die Schliche gekommen, den gewaltigen Meistern des Taktstocks.

Ich habe zweimal »Fidelio« inszeniert, einmal mit Bernstein und einmal mit Böhm. Bernstein hat mit Einsatz seines Lebens, könnte man fast sagen, den Schluss dirigiert. Es war geradezu im Taumel der wahnsinnigen Freude und Befreiung, er hat ihn mit körperlichem und genialem schlagtechnischen Einsatz entzündet, ist selber diesem Taumel verfallen, und alles wurde von Beethovens Jubel erfasst. Es blieb kein Auge trocken.

Mit diesem Eindruck begann ich, mit Böhm zu arbeiten, und war gewaltig überrascht, wie auf ganz anderen Wegen ein ähnlicher Jubel hervorgerufen wurde, durch minimale Zeichen, durch Blicke, durch erkennbare Wünsche. Der 80-jährige Böhm war nicht bereit, einen Tanz aufzuführen, aber er hat ein Forte nur mit einem Kopfschütteln hervorgerufen und mit einer kleinen unzufriedenen Geste die Bläser zum Äußersten getrieben. Der Chor gab sein Letztes, wenn Böhm, die Hände fragend auseinander, dirigierte. Ich war fast genauso hingerissen wie von Bernstein, und der Jubel im Haus war genauso groß.

Das Wunder im Theater, in der Oper, in der Musik geht seltsame Wege.

Böhm war ja auch ein großartiger Strauss-Dirigent und hat diese Selbstverständlichkeit der Strauss'schen Musik so bedient. Da hat man gar nicht das Gefühl gehabt, er dirigiert. Er hat die

Musik minimalisiert, nicht die komplizierten einzelnen Teile, sondern hat den Bogen dirigiert und war immer dort, wo es sein musste, und hat alles genau durchgehört. Ich habe ihn dann oft am Monitor verfolgt, und man hat gar nicht erkannt, dass er dirigiert, und das Orchester hat ihn verstanden. Er war wirklich ein Minimalist, der im richtigen Moment eingreift und im richtigen Moment anzeigt und im richtigen Moment zuckt. Leonard Bernstein hat einmal zu Karl Böhm gesagt: »You have a magic baton. – Du hast einen magischen Stab«, weil der wirklich dorthin gezuckt hat, wo es notwendig war, und gelassen hat, wo sie ohnedies spielen. »Die spielen ja eh«, hat Böhm gesagt, »da brauch ich ja nicht dirigieren.«

Ich habe mich mit Dirigenten eigentlich fast immer gut verstanden. Die Großen, ich will jetzt keine Namen nennen, weil bei Größe kommt es darauf an, wo man steht – in Holland zum Beispiel ist der Hügel ein Berg –, die Großen habe ich immer zu verstehen versucht. Erstens ist eine Komposition etwas Gegebenes. Eine noch so schlecht dirigierte Fünfte Beethoven ist immer noch als Fünfte Beethoven erkennbar. Sehr gut oder genial dirigierte Sachen haben so kleine Unterschiede, entscheidende Unterschiede zwar, aber so kleine, dass man sich, wenn man guter Stimmung ist, sehr irren kann und etwas besser finden kann als das noch Bessere, wenn man nicht ein höchst gebildetes Gehör hat.

Beim Arbeiten ist mir das, was mir der Dirigent zur Verfügung stellt, genug Material, um meine Arbeit anständig leisten zu können. Verschleppte Tempi oder nicht gemachte Ritardandi, die man für einen Ausdruck braucht, können stören. Zu schnelles Dirigieren kann den Text gefährden, und ich glaube daran, dass der Text der Auslöser war, der den Komponisten der Oper oder der Operette zum Musizieren gebracht hat. In der »Fledermaus« ist jeder Satz so komponiert, wie es die Laune des Moments ergibt, die Blamage, der Zorn, das Leiden, das hypochondrische Leiden. Das ist alles komponiert und das bedient die Musik. Es gibt nur ein paar Stellen, an denen man sich einen anderen Auftakt, eine andere Aufregung wünscht, aber das sind relativ wenige.

Es ist ein großes Getue, wenn man sagt: »Der Dirigent hat das verhaut.« Die Laune vielleicht des Abends, aber es ist nicht so, dass man mit einem mittleren Dirigenten nicht arbeiten kann. Ich war selig, wenn ich mit den genialen Dirigenten arbeiten und wenn ich mich inspirieren lassen konnte von den seltsamen Vorschlägen, die von einem übermusikalischen Hirn geboten wurden. Das waren Glücksmomente, die Gott sei Dank sehr häufig waren, weil ich mit vielen ganz großen Dirigenten gearbeitet habe.

Es war erstaunlich, wie diese Sollbruchstelle bei einem Dirigenten und mir immer gehalten hat. Wir waren meist Verbündete.

Einmal aber hatte ich einen Dirigenten, der war ganz uninteressiert. Es war bei »Così fan tutte«. Er hat ganz gut dirigiert, hat aber dann geglaubt, er kann meine Inszenierung so oft umbesetzen, wie er will und alle seine Sänger ausprobieren, und da ist meine Inszenierung elend zugrunde gegangen. »Così fan tutte« ist nämlich ein Ensemblestück, in dem jeder auf jeden reagiert. Darauf habe ich großen Wert gelegt und die Oper – meine liebste Mozartoper – mit großer Leidenschaft inszeniert, und besagter Dirigent hat dann verschiedene Besetzungen gehabt. Daraufhin gab es dann einen riesigen Krach, und ich habe meinen Namen zurückgezogen. Er hat mir die Inszenierung nach einer gelungenen Premiere durch wahllose Umbesetzungen ruiniert, sie wurde nicht wieder repariert. Das war in Frankfurt. Die Originalbesetzung mit Renate Holm, Gundula Janowitz und Oskar Czerwenka ergab eine glückliche, strahlende Premiere, aber schon bei der Wiederaufnahme ging es los. Es gab ein Regiebuch, aber nicht genug Zeit. Er bestellte eine Sängerin ohne Proben von einem Tag auf den anderen. Sie sollte die Fiordiligi singen, weil er sie ausprobieren wollte. Das ging daneben.

Ganz unterschiedlich sind die Dirigenten, die ich verehre. Zu den einen gehören Carlos Kleiber und Herbert von Karajan, jene, die Wunderhände haben und alles dirigieren können, was noch zwischen den Noten hörbar und fühlbar zu machen ist. Sie sind Meister im Erblühen-Lassen und beherrschen bis in die Fingerspitzen die Fähigkeit, ein Orchester so leise spielen zu lassen, dass man es fast nur mehr fühlt und kaum noch hört. Sie können aber auch Steigerungen aus einem Orchester hervorzaubern, weil ihre Arme scheinbar die doppelte Länge beim Ausholen haben und ein Fortissimo aus dem Orchester erklingt, das normale Armlängen nicht erreichen.

Die anderen Dirigenten, die mich fast ebenso begeistern, sind die Minimalisten. Sie verstecken ihre Arme geradezu, nicken dem Orchester nur zu und für ein Fortissimo schütteln sie den Kopf und wacheln mit der linken Hand, so als würden sie die Musiker fragen: Ist das alles, meine Herren? So erreichen sie erstaunliche Fortissimi. Wenn sie ein Zusammenspiel von zwei Instrumenten verlangen, zeigen sie nur gelangweilt auf die zwei Herren, die spielen sollen, und nicken ein wenig bösartig. Die zwei Musiker spielen dann gemeinsam um ihr Leben.

Wenn ein Minimalist einmal aufsteht und deutlich zu schlagen beginnt, wirkt das wie ein eruptiver Anfall. Ganz wichtig ist allerdings, dass der Minimalist jeden Funken der Partitur in sich spürt. Im Orchester weiß man, es wäre eine Kränkung, wenn sie das Wenige, das er zeigt, nicht sofort kapieren. Meistens hat dieser Herrscher mit wenig Schlägen einen missmutigen, unduldsamen Charakter, der sich nichts Falsches gefallen lässt. Ich glaube, Kenner werden erkannt haben, wen ich da meine. Es war der von mir verehrte Karl Böhm, der manchmal einem Geiger nur zugerufen hat: »Können S' das nicht schöner spielen?«, worauf der beleidigte Geiger justament so schön gespielt hat wie sonst nie. Das große Lob, das er dann für seine Leistung von Böhm erhielt, war ein grantiges »Na also!«.

Karl Böhm

Karl Böhm war sich seiner Sache so sicher, dass er einem Sänger, der ängstlich fragte: »So schnell ist das Tempo?«, antwortete: »Na, hören Sie, das san ja die Original-Tempi von Mozart.« Er hatte anscheinend eine direkte Verbindung mit Mozart.

Ein bisschen kommt das Dirigieren aus der Geigenbewegung, aber im alten Orchester war ja nicht der Erste Geiger, sondern der Trompeter der Führer, der Konzertmeister. Und es wurde gar nicht dirigiert. Deswegen ist bei Barockmusik der Dirigent eigentlich überflüssig. Das heißt nicht, dass hier alle Dirigenten abgeschafft werden sollen, aber das Einstudieren und das Zusammenspiel ist bei Barockmusik wichtiger als das Armdirigieren, da sich das Tempo nicht so sehr verändert. Dagegen ist eine romantische Musik schwer ohne Dirigent zusammenzukriegen.

Viel ist ja durchs Dirigieren vernachlässigt worden, das Aufeinander-Horchen der Musiker zum Beispiel.

Ich bin ein großer Verehrer des Staberls. Bei mir hat das Dirigieren nur mit den Händen ohne Staberl etwas von Waschen. Ich habe immer das Gefühl, der Dirigent wäscht seine Hände im Orchester. Der Stab ist gleichsam ein phallisches Aviso, das Dirigiergehabe, die Schlagvereinbarung, die getroffen wird, hat was von Peitschen und Aufplustern des Mannsbildes an sich. Er ist ein Bändiger, und der Dirigierberuf ist eine sehr maskuline Erfindung oder sogar eine Anmaßung. Dieses männliche Gehabe täuscht fast eine Erektion vor und macht's natürlich den Frauen schwer, diesen Beruf auszuüben, weil ein frauliches Dirigieren sicher ganz anders ausgeschaut hätte, wenn die Damen mit ihrer großen Musikalität und Empfindungsleidenschaft rechtzeitig zugelassen worden wären. Es hätte sich so, meiner Meinung nach, eine andere Art des Musizierens entwickelt.

Ich wünsche den geliebten Frauen, dass sie auf ihre Art noch viel herausholen aus unseren Musikschätzen. Vielleicht entwickeln sie auch einen anderen Zugang zum Dirigieren, weil sie Hände haben, die den Stab besser ersetzen. Ein Mann soll mit

Stab dirigieren, eine Frau muss das richtige Dirigieren fast neu erfinden. Das ist sehr gemein ausgedrückt, und ich wünsche den hochbegabten Dirigentinnen weiterhin ihre großen Erfolge.

Die Männerwelt hat sich des Theaters bemächtigt und zur Shakespeare-Zeit das Verbot durchgesetzt, dass Frauen nicht spielen dürfen. Julia, Lady Macbeth, Rosalinde, Viola, Desdemona und wie sie alle heißen waren bei der Premiere Männer. Ein entsetzlicher Gedanke. Aber das Urtalent der Frauen, Theater zu spielen, leidenschaftlich und echt, gefühlsbetont und glaubhaft, ließ sich nicht durch Gesetze unterdrücken. Es gab dann in der Oper sehr bald die Primadonna und im Schauspiel die große Darstellerin, aber die Mannsbilder haben die Mehrzahl der Rollen doch für sich behalten, bis in die Nebenrollen.

Man braucht nur einen Klassiker aufzuschlagen, da ist die Frau eigentlich nur das Lustobjekt. Die Eva im »Zerbrochnen Krug«, das Käthchen von Heilbronn, im »Faust« das Gretchen, ja sogar im zweiten Teil Helena, alle sind sie verführte oder verführende Subjekte der Mannsbilder. Diese Ungerechtigkeit hat sich von Genie zu Genie vererbt. Und das Andere, wenn es das überhaupt gab, war immer nur die Ausnahme. Dass es dem weiblichen Talent gelang, so große und unvergängliche Leistungen zu bieten, hat mich immer wieder berührt und gerührt.

Ein unerbittlicher Musiker war, wie schon erwähnt, Carlos Kleiber. 1974 nahm er den »Freischütz« mit der Staatskapelle Dresden auf. In dieser Oper gibt es einen Einleitungschor, in dem das Volk dem Schützen zujubelt, der gerade einen Meistertreffer bei einem Wettschießen gelandet hat. Kleiber war der Ansicht, das muss eine entfesselte, fanatische Masse in einem mörderischen Tempo geradezu herausbelfern. Er begann das weltberühmte Orchester in einem Tempo zu dirigieren, dass die Musiker sagten: »Das können wir so nicht spielen. Wir packen jetzt unsere Instrumente ein.« Auch der Chor war dieser Ansicht. Kleiber darauf: »Dann werden wir die ganze Sache wohl abbrechen müssen. Oder probieren wir's vielleicht noch einmal?«

Missmutig setzten sich die Musiker wieder hin, und Kleiber bestand auf diesem gehetzten, mörderischen Tempo so lange, bis die Musiker wie die Hexenmeister spielten und der Chor gleich zu Beginn des Stückes eine Stimmung vermittelte, dass man beim Hören der Schallplatte fast nicht mehr sitzen bleiben konnte und am liebsten mitgeschrien oder mitgesungen hätte. Ich habe so ein Wahnsinnstempo und gehetztes Singen nie mehr erlebt, und der »Freischütz« bekam gleich von der ersten Szene an eine magische, ja frenetische Atmosphäre. Und aus der hochromantischen, beinahe lieblichen Oper wurde von Anfang an das, was sie eigentlich ist: ein gefährliches Stück des Aberglaubens mit einem bösen Volk und seinen dunklen Sagen und Bräuchen.

Walter Felsenstein, der 1967 großartig bei einem »Freischütz« an der Stuttgarter Staatsoper Regie führte, war Carlos Kleiber fast nicht gewachsen. Es kam zu Krachs, weil Felsenstein ein Regisseur war, der einem Dirigenten immer alles vorschreiben wollte. Aber Kleiber war der Stärkere, und das hat Felsenstein sehr gutgetan.

Walter Felsenstein

Ein anderes Beispiel für Kleibers Genie war das Vorspiel zu »Traviata«. Er hat es mit einem Pianissimo beginnen lassen, das nicht von dieser Welt war. Wie man das aus einem Orchester herausholt, gehört zu den größten Wundern des Dirigierens überhaupt. Das Vorspiel versetzt einen sofort in die Geschichte, in der es um Sterben und das Aufbäumen gegen eine schwere Krankheit geht, geschildert mit den einfachen musikalischen Mitteln des genialen Verdi. Diese Stimmung wurde von Kleiber so minuziös genau bedient, dass man dieses Vorspiel ohne feuchte Augen gar nicht durchstehen konnte.

Liebe und Tod gehen in der Musik sehr oft Hand in Hand. Das war, anders als sonst, sehr deutlich zu hören, wenn Carlos Kleiber den »Tristan« dirigiert hat. Er hat sich sogar eine lyrische Isolde gewünscht und wollte der dramatischen Heulboje aus dem Weg gehen.

Interessant war, dass Carlos Kleiber, für mich einer der größten Dirigenten, den ich erlebt habe, seinen Vater Erich Kleiber immer als letzte große Instanz anerkannt hat. Erich Kleiber war ein Taktfanatiker, der der Ansicht war, dass man die Bögen und die Schwingungen der Musik genau anzeigen muss, das Wunschdirigieren hat er nicht zugelassen. Er konnte, und das war das Erstaunliche, mit dieser präzisen Metrik ein Orchester zu den schönsten Klängen bringen. Ob mit vielen Proben oder nur mit seinem Dirigat, weiß ich nicht. Für Carlos Kleiber war sein Vater sozusagen der Brunnen, aus dem er geschöpft hat. Aber dann ließ ihn sein eigenes Talent andere Wege gehen, doch die Genauigkeit des Vaters war ein Teil seiner Disziplin. Er hat auch, wenn's darauf ankam, diese Genauigkeit weiterentwickelt oder benützt und immer nachgeforscht: Was hätte der Vater gemacht? Wie hätte der Vater gedacht? Was hat der Vater gemeint?

Der Vater, der sehr streng zu Carlos war, hat einmal gesagt: »Dirigier diese Stelle, und ich spiel so, wie du dirigierst.« Das wurde zu einer großen Blamage für den jungen Burschen, ein Fiasko. Carlos hat mir das mit einem lachenden und einem weinenden Auge erzählt. Der Vater hat eine Genauigkeit verlangt, die Carlos dann auch sein ganzes

Carlos Kleiber

Leben als Postulat verstand. Bei allen Abschweifungen und Verschönerungen war die Genauigkeit für Carlos das Wichtigste.

Den großen Durchbruch des Sohnes hat der Vater nicht mehr erlebt. Er hat ihn aber seinen Weg gehen lassen, und das war schon ein Zeichen seiner großen Anerkennung. Carlos hat sich darüber allerdings nie positiv geäußert.

In Mailand hat Carlos Kleiber in einer Probe zum letzten Takt ausgeholt, es war über die Zeit. Da hat der Gewerkschafter, von hinten sich anschleichend an das Dirigentenpult, wenn auch zart, Carlos Kleiber die Hand festgehalten und gesagt: »Maestro, c'è l'oro – Es ist Zeit.« Er durfte den Taktstock nicht mehr senken. Da hat sogar das Orchester mit einem »Buuh!« aufgestöhnt. Carlos sagte sich: Jetzt kann ich den erschießen, alles absagen oder lachen.

Er hat sich für das Lachen entschieden.

Ein Meister der Melodie war der unvergängliche Robert Stolz. Ich glaube, er war schon neunzig, als er unsere »Fledermaus« in der Staatsoper dirigierte. Wie alt er wirklich war, wusste man nicht genau, weil er sich ab einem gewissen Alter plötzlich älter gemacht hat, und nachdem er sich jahrelang jünger gemacht hatte, gab es dann einen seltsamen Sprung in seiner Altersangabe. Ich habe ihn sehr verehrt, manche seiner Lieder sind von Schubertscher Qualität, und es ist erstaunlich, wie viele Weltschlager verschiedener Art ihm von der Hand geflossen sind.

Er war auch ein meisterhafter Dirigent und natürlich ein sehr eigenwilliger, besonders in der Operette. Er hatte endlose Ritardandi, die er aber gefüllt hat und die, von seiner Hand gemeistert, geradezu selbstverständlich schön und spannend waren. Ein Ritardando ist, wenn man das Tempo plötzlich spannend bremsend verlangsamt, um dann wieder schnell zuzuschlagen, wenn man mir dieses verhatschte Bild gestattet, aber im Theater kann man sich nicht präzise ausdrücken. Dieses Ritardando hat er, als er unsere »Fledermaus« dirigierte, besonders gepflegt. Das ging ganz gut bei den Sängern, beim Ballett gab es aber die Schwierigkeit, dass bei diesen spannenden Momenten ein Sprung der Tänzer geplant war. Sie hätten daher in der Luft stehen bleiben müssen, plumpsten aber zu einem falschen Takt natürlich wie reife Zwetschken zu Boden, weil sie diese Ritardandi nicht bedienen konnten. Als sich der Haupttänzer oder der Betriebsrat der Tänzer – ich weiß nicht, welche Instanz da maßgebend war – beim Direktor beschwerte, dass der Tanz an vielen Stellen so nicht möglich war und läppisch aussehen würde, antwortete Direktor Egon Hilbert treffend: »Ich bin nicht gewillt, diesen genialen Mann umzubesetzen und ihm das Dirigat der ›Fledermaus‹ wegzunehmen. Wir müssen warten, bis der liebe Gott ordnend eingreift.«

Das Vorspiel zum letzten Akt der »Fledermaus« ist relativ kurz und schildert den aufgedrehten Zustand der Personen nach dem Ball bei Prinz Orlofsky. Die Musik torkelt geradezu und hat etwas Beschwipstes und Skizzenhaftes. Das meiste von Johann Strauß ist einmalig genial in seiner reduzierten, fast satirischen Kompositionsform.

Der »Rosenkavalier« mit Carlos Kleiber in München war mein größtes Dirigiererlebnis. Kleiber war auf einer Linie mit Bernstein, mit Böhm – ein reines Wunder, was er für Musik in sich, welche Ausdruckskraft er in den Händen gehabt hat. Er hatte mehr Gliedmaßen als ein normaler Mensch, fast wie ein Affe. Er konnte eine Welle schlagen, und es klang auch so. Er hat darauf bestanden, dass es so klingt. Er hat nicht nachgelassen.

Oft hat er abgesagt, bei mir ein paar Mal nicht, und diese paar Inseln gehören zu den glücklichsten und aufregendsten in meinem Leben.

Zu Silvester, wenn die Stimmung des »Fledermaus«-Publikums besonders angeheizt ist – ganz nüchtern sitzen die meisten nicht mehr im letzten Akt im Zuschauerraum –, hatte Carlos Kleiber verschiedene übermütige Einfälle. Er trat zu diesem letzten Akt im Kostüm ans Pult, einmal als strickende alte Dame, ein zweites Mal als arabischer Ölscheich und das dritte Mal als Boris Becker mit einem Tennisschläger und einem Tennisball. Aber es blieb nicht bei diesem relativ plumpen Witz, sondern das Geniale war, dass diese strickende Dame mit ihren strickenden Fingern, dem dazugehörigen Strumpf und den dazugehörigen Stricknadeln ganz exakt das komödiantische Spiel dirigierte und die animierten Musiker das erlesene Glanzstück eines Vorspiels virtuos hinlegten. Wenn man diese strickende Dame nicht gesehen hätte, hätte man das Vorspiel trotzdem als überragend dirigiert empfunden. Dass der Ölscheich mit Turban und asiatischen Bewegungen dieses Orchesterstück ebenso zu einem Höhepunkt des Abends machte, hat mich dann schon nicht mehr gewundert.

Am meisten bewunderte ich aber das Dirigat von Carlos Kleiber als Boris Becker mit Schläger und Tennisball. Er konnte den Tennisball derart exakt in die Höhe tanzen lassen, den herunterfallenden Ball auffangen und wieder den Takt schlagen, dass auch hier das Vorspiel in keiner Weise verschmiert geklungen hat. Wie Kleiber in allen Figuren, die er meisterhaft verkörperte – man verwechselte ihn geradezu mit der alten Dame, dem Scheich und er sah auch Boris Becker zum Verwechseln ähnlich –, immer noch die Musik adäquat bedienen konnte, war für mich ein komödiantisches Meisterstück.

Der Radetzkymarsch ist ein Gegenstück von Strauß Vater zum Revolutionsmarsch, den Johann Strauß Sohn geschrieben hat. Der Revolutionsmarsch war ein Flop, während der Reaktionärsmarsch, der für Pferde geschrieben ist, ein Kavalleriemarsch – wenn man ihn hört, hört man die Pferde trampeln –, bis heute ein Hit geblieben ist. Reaktion verkauft sich in Österreich anscheinend immer etwas besser als Revolution. Das ist keine Wertung, aber eine Tatsache. Ich habe im Radetzkymarsch in Kenntnis des Gemetzels, das damals von den Radetzkytruppen gegen die lauteren, aber aufmüpfigen Revolutionäre der Freiheit und des offenen Wortes losgegangen ist, immer wieder die bösartigen Zwischentrompeten und die leicht verlogenen, süßen Zwischenmelodien herausgehört, die den Marsch verharmlosen. Die Gnade, dass ich ihn in meinem Programm »Humor nach Noten« mit einem wunderbaren ungarischen Orchester dirigieren darf, lässt mich ein bisschen übermütig werden und den Orchestermusikern das Bösartige einheizen, das sie komödiantisch wiedergeben. Natürlich ist dieser herrliche Marsch nicht als Satire verwendbar, aber man kann ein bisschen zum Pferd werden, wenn man ihn dirigiert, vor allem dann, wenn man wie ich weder des Dirigierens noch des Reitens mächtig ist und ein verständnisbereites Orchester jede meiner Bewegungen richtig versteht.

Daniel Barenboim hat in seinem Neujahrskonzert den Marsch nicht dirigiert. Auch er wollte sich wahrscheinlich nicht an die Spitze der »Reaktion« stellen. Er hat allerdings dadurch gezeigt, dass das Orchester, die Wiener Philharmoniker, den Marsch auch ohne Dirigent spielen kann. Vom Pferd aus wäre der Radetzkymarsch bei der berittenen Uraufführung sowieso schwer zu dirigieren gewesen. Es tut mir nur leid, dass durch die vielen Umarmungen der Musiker durch Barenboim während des Marsches, der ungestört weitergespielt wurde, mein Dirigat

Radetzkymarsch mit Daniel Barenboim und den Wiener Philharmonikern

etwas in Misskredit geraten ist, denn auch mein Orchester hätte ihn wahrscheinlich allein zu Ende gespielt, wenn ich die Musiker einzeln umarmt hätte. Was ich nicht ungern getan hätte, weil so viele hübsche Ungarinnen in meinem Orchester gesessen sind.

Argeo Quadri war für mich einer der lebendigsten und hinreißendsten Kapellmeister, die mir in der Zusammenarbeit mit Musikern begegnet sind. Er konnte aus einem Rezitativ ein Furioso hervorrufen. Er konnte das M-ta-ta der italienischen Oper zum aufregenden Herzschlag steigern. Er konnte eine Fermate so halten, dass einem der Atem stockte, und er hat mit seiner kreischenden, verhusteten Stimme einen derartig hinreißenden Ausdruck vorgekrächzt, dass der Sänger gar nicht anders konnte, als so echt und leidenschaftlich zu singen, wie es die Intention des Maestro war. Er hatte ein unbeschreibliches Gehör und Gespür. Er begann als Korrepetitor wie die großen Maestri Italiens alle, auch Toscanini oder de Sabata.

Er war auch derjenige, der den Korrepetitor oft vom Klavierschemel stieß, um noch wilder einzugreifen und das hervorzurufen, was der Komponist wollte. Man hatte das Gefühl, er wäre mit Rossini, Verdi und Puccini per du und hätte sie alle persönlich gekannt und täglich befragt. Als ein wunderbarer Sänger, den ich besonders gefördert und geliebt habe, der kanadische Bariton Norman Mittelmann, während einer Arie in einer Passage leidenschaftlich von den Tönen abwich, weil ihm der Ausdruck im Moment wichtiger war als die Musik, unterbrach Quadri schreiend mit den Worten: »Mittelmann, für die Noten, Sie sink, wir brauchen neuen Giuseppe Verdi.« Und als ihn ein Tenor, ich weiß nicht mehr, welcher, fragte: »Maestro, darf ich mir bei dieser Arie am Schluss einen hohen Ton einlegen?«, antwortete Quadri nach kurzem Nachdenken: »Wenn Donizetti leben, wir ihn fragen. Wenn er ist tot, notwendig, wir sink seine Noten!«

Quadri dirigierte 1965 hinreißend meinen »Otello« im Fernsehen. Er saß im Ronacher mit Kopfhörern, die Sänger spielten und sangen live im Studio am Rosenhügel, und über Monitore wurde sein Dirigat in das Studio hinübergesendet. Die Kopfhörer war er nicht gewohnt und bei einem Ausbruch der Musik fiel ihm der Kopfhörerbügel über die Augen, was ihn nicht hinderte, blind und wie ein Ritter, dem das Visier zugefallen ist, leidenschaftlich kämpfend den Akt zu Ende zu dirigieren. Das Bild, das wir über den Monitor von ihm in den Regieraum gesendet bekamen, war von atemberaubender Kraft und nicht ohne Komik, aber ein Held kämpfte da bis zum letzten Akt.

Ich hatte verschiedene Musikepochen in meinem Leben. Und eine ganz wichtige Epoche war Albert Lortzing. Lortzing war so ein freundlicher Freund von mir. Wunderbare Bücher haben seine Opern, muss man dazu sagen. Gekonnte Bücher, komödiantische Bücher mit rührenden Szenen, volkstümlich und nicht banal. Es war mit ihm ein sehr angenehmer Weg in die Oper. Und immer gut besetzt in der Staatsoper: »Der Waffenschmied«, »Zar und Zimmermann«. Eines der besten Bücher hat der »Wildschütz«.

Es war mir immer wichtig und für mich interessant, Stücke zu ihrem natürlichen Erfolg zu führen. Nicht nur zum musikalischen, sondern zum dramaturgischen Erfolg, mit glaubhaften

Sängern und glaubhaften Details, glaubhafter Besetzung, glaubhaften Tempi, die vom Regisseur kamen. Dafür war ich sehr empfänglich. Ich hatte großes Glück mit meinen Dirigenten, mit Karl Böhm, der ein natürliches Tempo in minimalen Bewegungen hatte. Oder mit Leonard Bernstein, der fanatisch natürlich dirigieren konnte.

Mit James Levine, der mit Fleiß und mit einem Doppelohr, könnte man sagen, herausgehört hat, wo das Leben läuft im Orchester. Und Carlos Kleiber war für mich ein Beherrscher von Rausch und Genauigkeit. Der konnte in der richtigen Sekunde fanatisch sein und in der richtigen Sekunde zärtlich und in der richtigen Sekunde ganz metronomisch genau sein. Er hatte zwei Hände mit Extragliedern, um sich auszudrücken, und hatte eine Präsenz und Faszination auf das Orchester, dass die Musiker ihm ausgeliefert waren und sich fast zweitrangig vorkamen.

Herbert von Karajan und ich sind uns mit riesigem Respekt, von meiner Seite vor allem, aus dem Weg gegangen. Es hat sich nie eine gemeinsame Arbeit ergeben. Wir waren dann beide im Direktorat der Salzburger Festspiele, und da ist er auf meinen Humor hereingefallen, sodass er mich dann sogar immer als Beirat verlangt hat. Seine Crew hat behauptet, er könne nur über mich wirklich lachen. Das war für mich ein großer Erfolg, ein größerer Erfolg, als wenn ich mit ihm gearbeitet hätte. Ich musste ihm Dirigenten vormachen, das hat er am liebsten gehabt. Und Regisseure. Ich habe ihm das Schicksal meiner Regisseure und meine Schwierigkeiten mit Regisseuren vorgegaukelt. Das hat er bei jeder Sitzung wieder verlangt.

Als Direktionsmitglied der Salzburger Festspiele war ich verantwortlich für das Schauspiel, und das ohne Gage. Das ist mir

54 Metropolitan Opera New York 1987: »Das Rheingold« von Richard Wagner mit Waltraud Meier als Fricka und Siegfried Jerusalem als Loge, im Hintergrund: Phillip Joll als Donner

55 Metropolitan Opera New York 1988: »Siegfried« von Richard Wagner mit Wolfgang Neumann als Siegfried und Horst Hiestermann als Mime

56 Metropolitan Opera New York 1986: »Die Walküre« von Richard Wagner mit Peter Hofmann als Siegmund und Jeannine Altmeyer als Sieglinde …

57 … und 1988: »Götterdämmerung« von Richard Wagner mit Siegfried Jerusalem als Siegfried

58 Mit Hauptdarstellerin Chen Reiss bei den Endproben zu »Das schlaue Füchslein« von Leoš Janáček, Wiener Staatsoper 2014

zum ersten Mal im Leben passiert und wahrscheinlich auch zum letzten Mal. Aus Liebe zu Salzburg und auch weil mein Vorgänger, Ernst Haeusserman, das auch war und man die Josefstadt nicht herabsetzen durfte.

Es war eine schöne Zeit, in der ich Karajan menschlich näher gekommen bin. Er konnte sich über mich wahnsinnig amüsieren mit seinem seltsamen Lachen, das fast wie ein Anfall war. Er hat auch verlangt, dass ich bei jeder Sitzung dabei bin, damit er was zu lachen hat.

Einmal bat er: »Erzählen Sie die Geschichte vom Dirigenten noch einmal!«

»Sie haben sie ja schon oft gehört.«

Darauf er: »Sie werden schon wieder etwas Neues erfinden.«

Bei Herbert von Karajan gab es einen der größten Skandale in der Geschichte der Wiener Staatsoper.

Karajan verlangte einen Maestro Suggeritore. Das ist ein entsprechend ausgebildeter Souffleur. In Italien dirigiert der Maestro Suggeritore die Bühne, und mit einem lauten, zwitschernden Kuss deutet er die Eins an, wenn der Chor zu singen anfängt. Er ist oft lauter als die Sänger, und das ist dann peinlich. Wenn man in Italien inszeniert, braucht es eine Woche an Arbeit, dem Suggeritore die richtige Leisestärke – im Gegensatz zur Lautstärke – beizubringen. Er ist eigentlich ein ausgebildeter Dirigent, weit mehr als ein Souffleur. In Wien waren unsere Souffleure, nach Meinung von Karajan – vielleicht zu Recht – noch nicht so weit. Es gab diesen ausgebildeten Überberuf nicht.

Karajan also verlangte den italienischen Maestro Suggeritore für seine »Bohème«-Premiere mit der Sensationsbesetzung:

Gianni Raimondi, Mirella Freni, Rolando Panerai, Giuseppe Taddei und einer gewaltigen Inszenierung von Franco Zeffirelli. Die Wiener Gewerkschaft oder der Betriebsrat aber bestanden darauf, dass der österreichische Souffleur nicht von seinem angestammten Platz verjagt wird. Da hat Karajan gesagt, dann dirigiert er nicht – die Vorstellung ist ausgefallen, und die Leute wurden nach Hause geschickt.

Nachher hat man sich geeinigt, und die wunderschöne Inszenierung war einer der größten Triumphe, den die Wiener Oper je erlebt hat.

Das hat mich zu einem Witz inspiriert. Ich habe damals den Frosch in der »Fledermaus« gespielt, und als der Sänger im dritten Akt in der Gefängnisszene nicht zu singen anfängt – der Frosch verlangt ja von ihm, dass er wieder singen soll –, habe ich improvisiert: »Der fangt nicht an, er hat keinen Suggeritore.«

Das war meine Stellungnahme.

Wir Österreicher werden in Deutschland als nicht ernst zunehmende Tölpel geführt und als solche sind wir sogar geliebt, was einem nicht immer angenehm ist, weil man ja nicht nur als Dodel – das Wort werden die Deutschen jetzt nicht verstehen – verkauft werden will. Dabei habe ich in Österreich am Theater größere Pünktlichkeit erlebt als in Deutschland. Vielleicht ist das auch nur Zufall. Aber die österreichischen Orchester sitzen pünktlicher da als manche deutsche. Ich weiß nicht, warum, wahrscheinlich weil sie pünktlicher aufhören wollen.

Wenn der Schauspieler nachspricht, was ihm die hörbare Souffleuse vorschreibt, muss ich den Text ändern. Das, was sie mir sagt, traue ich mich nicht zu wiederholen.

Vielleicht ist das bei der Musik anders, da hat man gewisse Einsätze. Ich finde, ein Sänger muss seine Partie so beherrschen, dass sich der Dirigent erübrigt. Der Dirigent kann ihm einen Teppich offerieren, singt mit ihm mit, singt so wie er. Da muss ein Verständnis sein, das durch geniale Telepathie entstehen kann, sodass die Musik für beide so natürlich ist, dass sie gar nicht anders können, und das kann durch Proben-Vereinbarungen entstehen. Aber eine Hilfestellung, ein Nachsingen, ein nichtvorausdenkendes Singen ist schon ein zweitklassiges Musizieren.

»Du führst!«, habe ich meinen Sängern immer gesagt und die Blicke mit dem Dirigenten verboten. Dort, wo sie absolut notwendig waren, haben wir so probiert, dass der Blick sich ergeben hat. Das war aber ausgemacht. »Da brauche ich den Blick«, hat der Sänger gesagt. Darauf ich: »Wozu? Kannst du nicht einsetzen, wann es sich gehört?« Und dann habe ich Atemeinsätze geübt, oft mit Einverständnis des Dirigenten.

Manchmal gab es aber auch Streitereien mit Dirigenten, die strikt verlangt haben, dass der Chor auf sie schaut. Denen habe ich gesagt: »Nein, der Chor soll einsetzen, wann es sich gehört. Warum soll er nach Ihrem Stab schauen? Wenn Sie dirigieren, ist der Choreinsatz ja schon zu spät dran.«

Man kann zufällig in die Gegend des Dirigenten schauen, aber es muss zufällig sein. Der Sänger oder der Chor dürfen nicht diesen hündischen Blick und das saugende Auge auf den Dirigenten richten.

Mit einem Dirigenten, der darauf besteht, dass die Sänger ihn anschauen, hätte ich nicht arbeiten können. Bei einer Operninszenierung mit Karl Böhm, von dem man gesagt hat, er verlangt das, hatte ich nie eine Debatte mit ihm.

Nello Santi

Einmal hatte ich einen Streit mit dem von mir sehr verehrten Nello Santi. Santi ist einer der musikalischsten Kapellmeister, die ich kenne. Er hat dem Hornisten das Horn weggenommen und ihm die Phrase geblasen und einem anderen die Geige weggenommen und ihm gezeigt, wie es gespielt gehört.

Bei »Rigoletto« hat er, wenn alle dem Monterone nachfluchen, verlangt, dass nach vorne gesungen wird, wenn er hinten abgeht. Da habe ich gesagt, das geht nicht und habe heftig protestiert, aber er hat verlangt: »Ihr müsst mich anschauen.«

»Nein! Das ist letztklassige Provinz. Sie müssen den anschauen, dem sie nachfluchen. Dann sollen sie halt lauter singen. Sonst ist es Schmiere.«

Ich konnte mich nicht mehr stoppen und mein ganzer Hass hat sich auf Zürich entladen, aber er stand ganz ruhig am Pult. Dann war diese tödliche Pause, in der man glaubt, jetzt verlässt das Orchester den Raum.

Santi legte den Stab hin, die ewige Pause dauerte an, und ich stand im Zuschauerraum tief atmend mit rotem Kopf und heiserer Stimme von meiner Schreierei.

Nach dieser Pause hat Santi auf Italienisch gesagt: »Und wo essen wir heute die Spaghetti?«

Worauf ich ihn von hinten umarmt und abgeküsst habe.

Es wäre eine große Sehnsucht von mir gewesen, mit Christian Thielemann etwas zu machen, aber das ergibt sich nicht mehr.

Für mich sind seine Avisi genial, fast unmerklich sind sie. Er lehnt sich fast müde nach hinten in den Dirigierstuhl und erzeugt damit ein Piano, das man als überirdisch bezeichnen könnte. Und wenn er zu einem Klarinettisten nur hinschaut, spielt der so, wie Thielemann es will. Er hat eine überströmende Suggestionskraft, die romantische Musik zum Glühen und zum Schwingen bringt. Es macht ebenso große Freude ihm zuzuhören, wie es ihm offenbar Freude macht zu dirigieren. Er ist für die Wiener Philharmoniker, glaube ich, im Moment der wichtigste Dirigent. Jetzt werden sicher einige böse sein, aber ich finde, dass er wie kein anderer mit minimalen Zuckungen und Blicken, Atemholen über seine Dirigierbewegungen hinweg alles aus dem Orchester hervorholt, was drin steckt.

Christian Thielemann

Ich habe eine »Götterdämmerung« von ihm gehört und muss sagen, ich habe die Bühne geschwänzt. Ich habe nur auf ihn und sein telepathisches Dirigat geschaut und so etwas in der Art noch nie gesehen. Ich war stehplatzbegeistert. Er dirigiert ohne jede balletteuse Eitelkeit, die einem müden Konzertbesucher wie mir sehr auf die Nerven geht. Er vermeidet in seinen Bewegungen alles, was äußerlich schön sein soll und setzt sie nur ein, um das Orchester dort hinzuführen, wo es am schönsten und am klarsten das ausdrückt, was der Komponist will. Er hat mir die ganze »Götterdämmerung« mit den Wiener

Philharmonikern neu erzählt. Die können ihn so verstehen und haben die Wackler am Pult nicht gern, die ihnen Gefühle vorgaukeln. Das Schauspielerische am Dirigenten ist ihnen sekundär.

Das Zucken im richtigen Moment, der Blick im richtigen Moment, die Deutung im richtigen Moment und dass das Ganze dann die Linie hat, das gefällt mir bei Thielemann so besonders.

Ich hatte ein Erlebnis mit meinem ersten Dirigenten an der Wiener Staatsoper: Jaroslav Krombholc. Er war geradezu kokett ungeschickt. Er konnte nicht wie üblich dirigieren. Er hat die Eins nicht so deutlich geschlagen, wie es der Dirigierlehrer von ihm verlangt hätte. Und er hat die tschechische Musik so einfühlsam bedient, weil er auf die Zwischentöne aus war. Einen geraden Weg der Musik gibt es ja gar nicht. Musik geht immer einen Dschungelpfad über die Noten, durch die Anweisungen hinweg, einen Weg, den man nicht beschreiben kann. Das war ihm wichtig. Und die Philharmoniker, zuerst ein bisschen verstört, haben dann kapiert, was er damit meint. Es entstand ein ganz besonderer Klang, und auch die Sänger haben geglaubt, sie gehen auf einem eigenen Pfad, dabei war das der Krombholcweg, und sie sind über die Taktstriche hinweg zu einer Phrasierung gekommen, die dieser böhmischen, seltsamen Musik entsprochen hat. Es entstand eine magische Aufführung aus einer gewollten Ungeschicklichkeit, aus einer Verweigerung des üblichen Dirigierens. Manchmal, wenn sich die Musiker beschwert haben, hat er ihnen gesagt: »Tut mir leid, meine Herren, wenn Sie mich nicht verstehen. Aber Sie werden mich schon verstehen.«

Krombholc brauchte viele Proben, er war kein Einspringer und nach dem großen Triumph, den er hatte, waren wir nach der Premiere alle bei Egon Hilbert, dem damaligen Operndirektor, und Krombholc war wie immer sehr unterwürfig: »Ich bin so berührt, dass ich an diesem Haus arbeiten durfte, und die Philharmoniker – das war so ein Glücksmoment für mich …«, und noch vier solche Salbadersätze in gebückter Haltung.

Dann gab es eine Pause ehrfurchtsvollen Schweigens, und Hilbert fragte ihn: »Maestro Krombholc, für die nächste Spielzeit, welches Stück wollen Sie bei uns dirigieren? Wir legen Ihnen das Haus zu Füßen. Suchen Sie es sich aus. Welches Stück?«

Nach einer neuen ehrfurchtsvollen Pause antwortete Krombholc: »Praktisch gar keins.«

Peinliches Schweigen, dann kam die stockende Erklärung: Er könne nur mit vielen Proben, die ihm sicherlich nicht zur Verfügung gestellt werden könnten, ein Stück erarbeiten, um sich dem Orchester verständlich zu machen.

Das war ein großer Moment.

Ein außergewöhnliches Erlebnis war für mich die Zusammenarbeit mit Leonard Bernstein. Er hatte tausend Gesichter, konnte dämonisch sein, kindlich bis zum Kindischen, brillant gescheit, koboldhaft unsinnig, verschlossen, deprimiert, himmelhoch jauchzend, alles küssend und umarmend, was ihm in den Weg kam. Einmal, als er sich beim Zahlen in einem Lokal verabschiedete, küsste er mich, den Prawy, eine italienische Diva aus Strehlers Ensemble und anschließend auch den verdutzten Ober, der belämmert daneben stand.

Mit einer gewissen Selbstironie hatte er es nicht ungern, wenn Mitglieder des Hochadels verehrend in seinen Proben saßen. Bei einer Probe, wo bei Weitem nicht alles funktionierte, von meiner Seite besonders – ich führte Regie im »Rosenkavalier« –, ging mir die Ansammlung von Hochadeligen, die nasal vor sich hintuschelten, besonders auf die Nerven.

Nach der Probe stürzte ich zu Bernstein: »Lennie, please! Morgen keine Herzogin, keine Gräfin, auch nicht eine Prinzessin. Ich möchte in Ruhe arbeiten.«

Er schaute mich schelmisch an und sagte: »Please, just one princess!«

Ich hatte den Auftrag, wenn er etwas zu laut dirigierte, es ihm zuzurufen. Als wir 1970 »Fidelio« miteinander arbeiteten und er die befreiende Freude im Kerkerakt springend und dämonisch peitschend dirigierte, sodass die Oper fast zusammenzustürzen drohte, lief ich durch den Zuschauerraum zu ihm ans Pult. Vorsichtig sagte ich: »Lennie, now it is too loud!«

»I know, but I like it«, war seine Antwort, und da hatte er auch recht.

Mein größtes Erlebnis mit ihm war, als er mit meinen geliebten Wiener Philharmonikern die dritte Leonoren-Ouvertüre probte. Für diese Aufführung war nur eine einzige Probe vorgesehen, und die gewerkschaftlich zugelassene Zeit würde, wenn man das Werk nur einmal durchspielte, um fünf bis zehn Minuten überzogen werden. Jeder Kenner der Opernusancen weiß, dass das Probenende gesetzlich geradezu unerbittlich genau eingehalten werden muss, besonders wenn es sich um eine Orchesterprobe handelt. Bernstein wusste das auch. Das

Orchester hätte ihn nicht unterbrochen, hätte aber Bernstein die Probe unterbrochen, wäre der Gongschlag des Probenendes ertönt.

Bernstein musste also alles während des Dirigats vermitteln, zu Anweisungen zwischendurch war keine Zeit. Die Philharmoniker wiederum lauerten auf jede Regung des Maestros, wissend, es war die letzte Gelegenheit, die Ouvertüre zu probieren, und sie wollten den Beweis liefern: Wir können sie so spielen, wie du, Bernstein, es willst.

Bernstein dirigierte mit solcher Genauigkeit und solcher Sucht, das Richtige zu erzielen, über alle Schwierigkeiten der Musik hinweg, mit weit aufgerissenen, leuchtenden Augen, ohne jedes Mätzchen. Es war, als würde Beethoven selbst seine Anweisungen durch den magischen Stab dieses Maestros geben.

Die zwanzig Minuten vergingen wie im Flug, das Orchester brach nach dieser atemberaubenden Probe in begeisterten Applaus aus. Lennie sank erschöpft auf den Sessel, ich umarmte ihn mit Tränen in den Augen. Kein Mensch redete von den überzogenen zehn Minuten.

Claudio Abbado hatte eine seltsam bescheidene, leise Art zu probieren und erzielte damit unbeschreibliche Voraussetzungen für sein suggestives, temperamentvolles, exaktes Dirigieren.

Bei einer Klavierprobe kam, ermuntert durch die liebenswürdige und vermeintliche Zugänglichkeit Abbados, ein Sänger auf ihn zu: »Claudio« – Abbado hatte sich den »Maestro« verbeten –, »bei der Phrase, die da kommt, könnte ich da ein bisschen getragener und langsamer singen?«

Claudio Abbado

Abbado blickte ihn freundlich an, sah dann etwas kurzsichtig in seine kleine Handpartitur und sagte ganz leise: »Nein.« Verdutzt fragte mein Sänger: »Ja, warum denn nicht?« Abbado, freundlich achselzuckend: »Weiß ich nicht.« Da gab's nichts zu debattieren.

Und zum Abschluss

Man fragt mich oft, ob sich das Publikum verändert hat. Ich finde das nicht. Ich finde überhaupt, dass die verschiedenen Publika sehr ähnlich sind. Ich bin ja wirklich viel herumgekommen. Hier und da verstehen sie ein wienerisches Wort nicht, das ist schon möglich, wenn ich zum Beispiel sage: das Tricherl, gemeint ist ein Häferl. Aber das verstehen die Wiener ja auch schon nicht mehr. Aber die Lacher kommen erstaunlich gleich.

Wenn meine Mittel schwächer wären, würde ich aufhören. Ich kann mit meinen Mitteln das, was ich mache, hundertprozentig bedienen. Ich lese vielleicht sogar natürlicher, als ich vor zehn Jahren gelesen habe. Ich kann alte Rollen besser gestalten als vor zehn Jahren. Ich habe das Alter in seinen Details genau erlebt und angeschaut. Solange das funktioniert und vom Publikum verlangt wird, höre ich nicht auf. Ich könnte sofort aufhören, wenn irgendetwas schwächer wäre, wenn meine Augen nicht mehr lesen können, wenn meine Stimme nicht mehr trägt. Meine Stimme braucht ja nicht schön zu sein. Schwierig wird es, wenn ein Sänger nicht aufhören kann, denn die Stimme eines Sängers muss schön sein, und darauf hat er in einem gewissen Alter keinen Einfluss mehr.

In diesem Sinne: »Ich bleib noch ein bissl.«

Verzeichnis der Regiearbeiten für Oper und Operette (soweit feststellbar)

Werk	Komponist	Opernhaus
zwischen 1958 und 1963		
Die Zauberflöte	W. A. Mozart	Landestheater Salzburg
Otello (deutsch gesungen)	G. Verdi	Staatsoper Stuttgart
Der Rosenkavalier	R. Strauss	Oper Frankfurt
1961		
Don Pasquale	G. Donizetti	Volksoper Wien
1962		
Lulu	A. Berg	Wiener Festwochen/Theater an der Wien
1963/64		
Die Zauberflöte	W. A. Mozart	Salzburger Festspiele
1964		
Jenufa	L. Janáček	Wiener Staatsoper
Die spanische Stunde	M. Ravel	Volksoper Wien, Opernhaus Zürich und Deutsche Oper am Rhein Düsseldorf/Duisburg
1965		
Hoffmanns Erzählungen	J. Offenbach	Staatsoper Stuttgart
Falstaff	G. Verdi	Opernhaus Zürich
The Rake's Progress	I. Strawinsky	Wiener Staatsoper
Otello (deutsch gesungen)	G. Verdi	WDR
1966		
Carmen	G. Bizet	Wiener Staatsoper
Les contes d'Hoffmann	J. Offenbach	Wiener Staatsoper
Il Campiello	E. Wolf-Ferrari	Volksoper Wien

Werk	Komponist	Opernhaus
1967		
Wiener Blut	J. Strauß	Volksoper Wien
Die Fledermaus	J. Strauß	Opernhaus Zürich
Macbeth	G. Verdi	Bayerische Staatsoper München
La Traviata	G. Verdi	Oper Frankfurt
Don Giovanni	W. A. Mozart	Wiener Staatsoper
1968		
Der Rosenkavalier	R. Strauss	Wiener Staatsoper
Tosca	G. Puccini	Metropolitan Opera New York
Lulu	A. Berg	Wiener Staatsoper
1969		
Fra Diavolo	D. F. E. Auber	Volksoper Wien
Rigoletto	G. Verdi	Opernhaus Zürich
La Bohème	G. Puccini	Bayerische Staatsoper München
1970		
Der Bettelstudent	K. Millöcker	Staatsoper Stuttgart
Don Carlo	G. Verdi	Wiener Staatsoper
Fidelio	L. v. Beethoven	Wiener Festwochen/Theater an der Wien, Wiener Staatsoper und Metropolitan Opera New York
Macbeth	G. Verdi	Wiener Staatsoper
Dantons Tod	G. v. Einem	Wiener Festwochen/Theater an der Wien, Wiener Staatsoper und Opernhaus Zürich
1971		
Der Besuch der alten Dame	G. v. Einem	Wiener Staatsoper
Simon Boccanegra	G. Verdi	Bayerische Staatsoper München
La Traviata	G. Verdi	Wiener Staatsoper
1972		
Der Freischütz	C. M. von Weber	Wiener Staatsoper
Die Fledermaus	J. Strauß	Unitel Wien
Der Rosenkavalier	R. Strauß	Bayerische Staatsoper München
Così fan tutte	W. A. Mozart	Deutsche Oper Berlin
Die Fledermaus	J. Strauß	Deutsche Oper Berlin

Werk	Komponist	Opernhaus
1973		
Die lustige Witwe	F. Lehár	Volksoper Wien und Oper Frankfurt
L'elisir d'amore	G. Donizetti	Theater an der Wien und Wiener Staatsoper
1974		
Die Fledermaus	J. Strauß	Bayerische Staatsoper München
Le nozze di Figaro	W. A. Mozart	Scala di Milano
Otello	G. Verdi	Opernhaus Zürich
1975		
Così fan tutte	W. A. Mozart	Wiener Staatsoper und Oper Frankfurt
Un ballo in maschera	G. Verdi	Royal Opera House Covent Garden London
La Traviata	G. Verdi	Bayerische Staatsoper München
Die Meistersinger von Nürnberg	R. Wagner	Wiener Staatsoper und Opernhaus Köln
Don Carlo	G. Verdi	Bayerische Staatsoper München
1976		
Der Rosenkavalier	R. Strauss	Scala di Milano
Boris Godunow	M. Mussorgski	Wiener Staatsoper
Kabale und Liebe	G. v. Einem	Wiener Staatsoper
Wozzeck	A. Berg	Deutsche Oper Berlin
1977		
Tannhäuser	R. Wagner	Metropolitan Opera New York
Arabella	R. Strauss	Unitel Berlin
1978		
Das Kind und die Zauberwelt	M. Ravel	Deutsche Oper am Rhein Düsseldorf/Duisburg
1979		
Il Trittico (Il Tabarro/Suor Angelica/Gianni Schicchi)	G. Puccini	Wiener Staatsoper
Die Fledermaus	J. Strauß	Wiener Staatsoper
Ariadne auf Naxos	R. Strauss	Hamburgische Staatsoper
Der Barbier von Sevilla	G. Rossini	Volksoper Wien

Werk	Komponist	Opernhaus
1980		
Fra Diavolo	D. F. E. Auber	Deutsche Oper am Rhein Düsseldorf/Duisburg
L'elisir d'amore	G. Donizetti	Opernhaus Zürich
Così fan tutte	W. A. Mozart	Deutsche Oper am Rhein Düsseldorf/Duisburg
1981		
Rusalka	A. Dvořák	Bayerische Staatsoper München
Andrea Chénier	U. Giordano	Wiener Staatsoper
Baal	F. Cerha	Salzburger Festspiele und Wiener Staatsoper
Der Rosenkavalier	R. Strauss	Deutsche Oper Berlin
1982		
Les contes d'Hoffmann	J. Offenbach	Metropolitan Opera New York
Tannhäuser	R. Wagner	Wiener Staatsoper
Die verkaufte Braut	B. Smetana	Wiener Staatsoper
1983		
Arabella	R. Strauss	Metropolitan Opera New York und Hamburgische Staatsoper
Der Freischütz	C. M. v. Weber	Bregenzer Festspiele
Die Fledermaus	J. Strauß	Deutsche Oper am Rhein Düsseldorf/Duisburg
L'elisir d'amore	G. Donizetti	Deutsche Oper am Rhein Düsseldorf/Duisburg
1984		
Karl V.	E. Křenek	Wiener Staatsoper
Der Barbier von Bagdad	P. Cornelius	Bayerische Staatsoper München
1985		
Margarethe	C. Gounod	Hamburgische Staatsoper
Der Freischütz	C. M. v. Weber	Deutsche Oper am Rhein Düsseldorf/Duisburg
1986		
Die Walküre	R. Wagner	Metropolitan Opera New York
Manon Lescaut	G. Puccini	Wiener Staatsoper
Die Fledermaus	J. Strauß	Metropolitan Opera New York
Hoffmanns Erzählungen	J. Offenbach	Bayerische Staatsoper München, Staatsoper Stuttgart und Staatsoper Wien

Werk	Komponist	Opernhaus
1987		
Rusalka	A. Dvořák	Wiener Staatsoper
Das Rheingold	R. Wagner	Metropolitan Opera New York
Ariadne auf Naxos	R. Strauss	Tiroler Landestheater Innsbruck
1988		
Die Zauberflöte	W. A. Mozart	Wiener Staatsoper
Siegfried	R. Wagner	Metropolitan Opera New York
Götterdämmerung	R. Wagner	Metropolitan Opera New York
1989		
Rigoletto	G. Verdi	Metropolitan Opera New York und Deutsche Oper Berlin
Eine Nacht in Venedig	J. Strauß	Volksoper Wien
1991		
Parsifal	R. Wagner	Metropolitan Opera New York
1992		
Elektra	R. Strauss	Metropolitan Opera New York
1993		
Rusalka	A. Dvořák	Metropolitan Opera New York
Die Meistersinger von Nürnberg	R. Wagner	Metropolitan Opera New York und Opernhaus Köln
1994		
Die Fledermaus	J. Strauß	Oper Göteborg
2006		
Don Pasquale	G. Donizetti	Metropolitan Opera New York
2009		
Der Ring des Nibelungen (Wiederaufnahme der »Ring«-Inszenierung 1986-88)	R. Wagner	Metropolitan Opera New York
2014		
Das schlaue Füchslein	L. Janáček	Wiener Staatsoper

Bildnachweis

Archiv der Österreichischen Bundestheater/Axel Zeilinger (11 oben, 11 Mitte links und mittig, 13 oben links, 14, 33, 35, 55 oben, 56, 125, 142/143, 144, 163), ullstein bild/Ullstein Bild/picturedesk.com (11 Mitte rechts, 76, 183 unten rechts, 202), © Deutsches Theatermuseum München, Archiv Sabine Toepffer (11 unten, 36, 70/71, 87, 88/89, 104/105, 124), First Look/picturedesk.com (12 oben), Barbara Pflaum/Imagno/picturedesk.com (12 unten, 103, 126), Archiv der Salzburger Festspiele/Foto Hildegard Steinmetz (13 oben rechts), Heinz Köster/Ullstein Bild/picturedesk.com (13 unten), akg-images/picturedesk.com (21, 183 oben, 222), Weltbild/ÖNB-Bildarchiv/picturedesk.com (23), Thomas Jantzen/First Look/picturedesk.com (29), ullstein-Lauterwasser/Ullstein Bild/picturedesk.com (31), Archiv der Volksoper Wien (34 oben, 34 unten links, 90, 165 unten), Archiv der Österreichischen Bundestheater (34 unten rechts), The Metropolitan Opera Archives/E. Fred Sher (55 unten), Votava/Imagno/picturedesk.com (57, 58, 69, 123), Imagno/picturedesk.com (72), SB/Interfoto/picturedesk.com (81), © Clive Barda/ArenaPAL www.arenapal.com (106), Kruse/dpa/picturedesk.com (109 links), Scherl/SZ-Photo/picturedesk.com (109 rechts), Photo Simonis/ÖNB-Bildarchiv/picturedesk.com (112), © Deutsches Theatermuseum München, Archiv Ilse Buhs (141), The Metropolitan Opera Archives/James Heffernan (164 oben), The Metropolitan Opera Archives/Winnie Klotz (164 unten, 166, 193, 194, 215, 216, 217 unten), Jack Mitchell/Getty Images (165 oben), Anonym/Imagno/picturedesk.com (183 unten links), Barda Clive/TopFoto/picturedesk.com (188), Mary Altaffer/Associated Press/picturedesk.com (195), Wiener Staatsoper/Axel Zeininger (196), Arwid Lagenpusch (205), Ali Schafler/First Look/picturedesk.com (207), Milenko Badzic/First Look/picturedesk.com (211), Frank Dunand/Metropolitan Opera Guild, courtesy of the Metropolitan Opera Archives (217 oben), Wiener Staatsoper/Michael Pöhn (218), Herbert P. Oczeret/APA/picturedesk.com (223), ullstein-Buhs/Ullstein Bild/picturedesk.com (228)

Der Verlag hat alle Rechte abgeklärt. Konnten in einzelnen Fällen die Rechteinhaber der reproduzierten Bilder nicht ausfindig gemacht werden, bitten wir, dem Verlag bestehende Ansprüche zu melden.

Namenregister

Abbado, Claudio 227f.
Adam, Theo 142
Alighieri, Dante 167
Altmeyer, Jeannine 217
Anderson, June 164
Araiza, Francisco 194

Bach, Johann Sebastian 21, 79, 152, 162, 167, 186, 191f.
Bachofen (Freund von Schenk) 22
Barenboim, Daniel 211
Barfuß, Grischa 113
Bartók, Béla 8
Battle, Kathleen 164
Becker, Boris 209f.
Beethoven, Ludwig van 9, 15, 31, 58, 149, 152, 167, 170, 191, 198f., 227
Behrens, Hildegard 193
Beirer, Hans 126
Bellini, Vincenzo 51f.
Beňačková, Gabriela 73, 194
Benini, Maurizio 120
Berg, Alban 12, 17, 141, 149
Bernstein, Leonard 12, 31, 185, 198f., 209, 214, 225–227
Berry, Walter 13

Bing, Rudolf 66, 68
Bizet, Georges 34, 115f.
Blegen, Judith 153, 165
Böhm, Karl 22, 92, 149, 197–199, 202, 209, 214, 221
Bosch, Hieronymus 185
Brahms, Johannes 191
Brecht, Bertolt 51
Brendel, Wolfgang 87, 104
Bruckner, Anton 17, 20, 153, 189
Buchbinder, Rudolf 29
Busch, Wilhelm 15

Callas, Maria 73
Cappuccilli, Piero 66, 106, 130
Collodi, Carlo 42
Corelli, Franco 55, 66–68, 131
Cotrubas, Ileana 104
Crass, Franz 58
Czerwenka, Oskar 201

Damiani, Luciano 55
Domgraf-Fassbaender, Willy 108
Domingo, Plácido 73, 106, 128, 130
Dönch, Karl 34

Donizetti, Gaetano 34, 112, 159, 194, 196, 213
Dvořák, Antonín 194

Einem, Gottfried von 69, 99, 114, 126, 152

Fassbaender, Brigitte 11f., 87f., 103, 107, 141
Feldhoff, Gerd 141
Felsenstein, Walter 205
Freni, Mirella 220
Furtwängler, Wilhelm 182f., 197

Ghiaurov, Nicolai 56, 122, 125, 127
Goethe, Johann Wolfgang von 51, 74, 79, 109, 179
Grimm, Jacob 53
Grimm, Wilhelm 53
Grist, Reri 106
Gruberová, Edita 73
Grünewald, Matthias 128
Guiraud, Ernest 76

Haeusserman, Ernst 219
Harnoncourt, Nikolaus 62, 189

236

Haydn, Joseph 152, 189
Helvey, Yvonne 13
Hiestermann, Horst 217
Hilbert, Egon 208, 225
Hitler, Adolf 189
Hofmann, Peter 217
Holm, Renate 34, 72f., 82, 201

Janáček, Leoš 13
Janowitz, Gundula 55, 70, 72, 84–87, 91, 103, 108, 201
Jerusalem, Siegfried 166, 215, 218
Joll, Phillip 215
Jones, Gwyneth 57f.
Joseph II., röm.-dt. Kaiser 39
Jungwirth, Manfred 72
Jurinac, Sena 12f., 60, 73, 75, 83, 108, 110–112

Kalbeck, Max 110
Karajan, Herbert von 31, 92, 119, 188, 197, 201, 214, 219f.
Kästner, Erich 51
King, James 58, 72, 115
Kleiber, Carlos 101, 188, 197, 201, 204–207, 209f., 214
Kleiber, Erich 206
Klingenbeck, Fritz 37f.
Kmentt, Waldemar 12–14, 33f., 60, 66, 83, 98, 117f., 125
Knappertsbusch, Hans 182f.

Krauss, Clemens 182f., 188
Krauß, Werner 24
Krombholc, Jaroslav 224f.
Kuchar, Erich 137
Kunz, Erich 34, 137, 153
Kwiecień, Mariusz 120, 194

Langenfass, Rolf 163
Lear, Evelyn 12, 149
Lehár, Franz 90
Leitner, Ferdinand 109
Levine, James 176, 178, 214
Loewe, Frederick 25
Lorengar, Pilar 13
Lorenz, Max 112, 114, 121
Lortzing, Albert 213
Löwinger, Guggi 165
Ludwig, Christa 34, 57, 66, 69, 114f.

Mahler, Gustav 184
Maria Theresia, Kaiserin 39
Mattila, Karita 194
Meier, Waltraud 166, 215
Melchior, Lauritz 75
Mittelmann, Norman 212
Monteverdi, Claudio 151, 190
Mörike, Eduard 81
Mozart, Wolfgang Amadeus 13, 19, 37f., 40, 55, 78f., 85, 103, 122, 135, 149, 152, 162, 167, 170, 180f., 189, 200, 202
Mussorgski, Modest 125, 185

Neidlinger, Gustav 109
Nestroy, Johann Nepomuk 101
Netrebko, Anna 60, 65, 73, 120, 194, 196
Neugebauer, Alfred 26
Neumann, Wolfgang 216
Nietzsche, Friedrich 115
Nilsson, Birgit 55, 66–68
Nucci, Leo 164

Offenbach, Jacques 34, 76, 174
O'Neill, Eugene 37
Orff, Carl 119

Panerai, Rolando 220
Patzak, Julius 21
Polz, Eduard 108
Ponnelle, Jean-Pierre 100
Popp, Lucia 11–13, 73, 89f., 102, 107, 163
Prawy, Marcel 113, 116, 225
Prêtre, Georges 188
Prey, Hermann 81
Pruett, Jerome 34
Puccini, Giacomo 55, 78, 122, 212

Quadri, Argeo 212f.

237

Radó, Elisabeth 100
Raimondi, Gianni
  124, 220
Ralf, Torsten 112
Ridderbusch, Karl
  58, 65, 88, 91–93,
  95f., 123
Rilke, Rainer Maria 8, 51
Rose, Jürgen 70, 89,
  103f.
Rossini, Gioachino
  150, 212
Roswaenge, Helge 75
Rothenberger,
  Anneliese 33
Rubens, Peter Paul 185
Rütgers, Hildegard 13
Rysanek, Leonie 127

Sabata, Victor de
  73, 212
Santi, Nello 222
Schäfer, Walter Erich
  109f.
Schikaneder, Emanuel
  38f., 43
Schneider-Siemssen,
  Günther 59, 137,
  141f., 178
Schöffler, Paul 12, 34,
  149
Schönberg, Arnold
  17, 152
Schubert, Franz 9, 80,
  113, 191
Schüller, Lisa 78
Schwarzkopf, Elisabeth
  74
Seefried, Irmgard 108
Shakespeare, William
  155f., 204

Shaw, George Bernard
  162
Siebe, Josephine 42
Silja, Anja 12, 34, 36,
  97f., 126
Slezak, Leo 75f.
Smetana, Bedřich
  163, 174
Sokrates 134
Springer, Rudolf 108
Stefano, Giuseppe di 34
Stolz, Robert 208
Strauß, Johann (Sohn)
  9, 86f., 209f.
Strauß, Johann (Vater)
  165, 210
Strauss, Richard 57, 88,
  149, 164, 170, 180,
  190, 192f., 198
Strawinsky, Igor 14, 33,
  117, 152, 184
Strehler, Giorgio 225
Strohmer, Katharina 65
Svanholm, Set 23

Taddei, Giuseppe 220
Terkal, Karl 118f.
Teschemacher,
  Margarete 75
Thaw, David 89
Thielemann, Christian
  222–224
Tipton, Thomas 36
Toscanini, Arturo
  31, 212

Verdi, Giuseppe 12, 19,
  36, 52, 56, 70, 75,
  104, 106, 112, 124,
  130, 151, 157f., 164,
  180, 190, 206, 212

Vickers, Jon 112
Villazón, Rolando 65,
  196
Volpe, Joseph 119

Waechter, Eberhard
  14, 60, 66, 69f., 78,
  90, 99, 101, 114,
  124
Waechter, Franz 165
Wagner, Richard
  19, 22, 24, 51, 54, 59,
  111, 114–116, 122f.,
  134, 142, 144, 150,
  157, 166, 169–174,
  176–178, 180, 190,
  194, 215, 217f.
Wagner, Wieland 97
Weber, Carl Maria von
  72
Weikl, Bernd 12, 60,
  112f., 142, 144, 193
Wenkoff, Spas 142
Werfel, Franz 75
Wewezow, Gudrun 89
Wimberger, Gerhard
  152
Windgassen, Wolfgang
  12, 75, 109, 111
Winkelmann, Hermann
  114
Wolf, Hugo 81
Wolf-Ferrari, Ermanno
  34

Yachmi, Rohangiz 125
Yradier, Sebastián de
  116

Zednik, Heinz 60
Zeffirelli, Franco 220

Witziges und Weises von Otto Schenk

Entdecken Sie humoristische Anekdoten, eigenwillige Betrachtungen und besondere Momente aus der Welt von Theater, Oper, Musik – und aus dem Leben des Publikumslieblings.

Otto Schenk

»Ich kann's nicht lassen«

Rührendes und Gerührtes

256 Seiten, mit zahlreichen Abbildungen
ISBN 978-3-99050-055-2
eISBN 978-3-903083-38-7

Otto Schenk

Wer kocht, ist selber schuld

Angefressene Memoiren

216 Seiten, mit zahlreichen Abbildungen
ISBN 978-3-85002-620-8

Amalthea amalthea.at